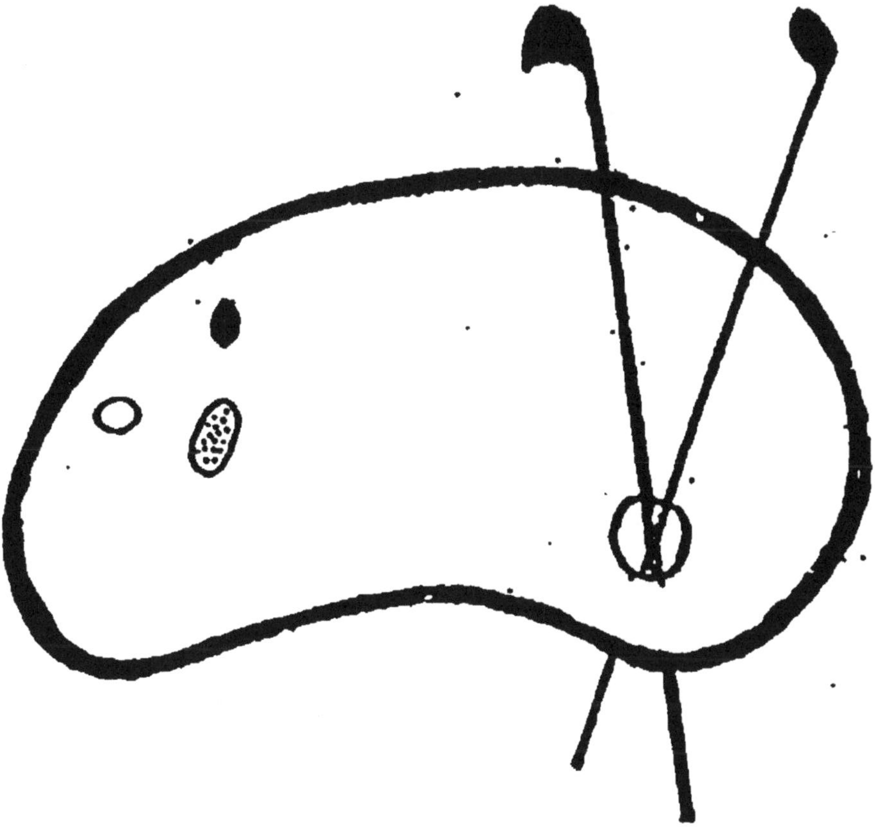

DEBUT D'UNE SERIE DE DOCUMENTS
EN COULEUR

* * *

COMMENT ÉLEVER
Nos Enfants?

Avant le berceau. — Le nourrisson.
Le naturel et l'éducation.
Les premières études. — Jeux et jouets.
Les domestiques dans l'éducation.
De l'enseignement : Matières et méthodes.
L'instruction utilitaire.
Le collège. — Effets de l'internat.
Ce que les filles doivent savoir.
L'enfant et la famille. — Le but, etc., etc.

PARIS
A LA LIBRAIRIE ILLUSTRÉE
7, RUE DU CROISSANT, 7

—

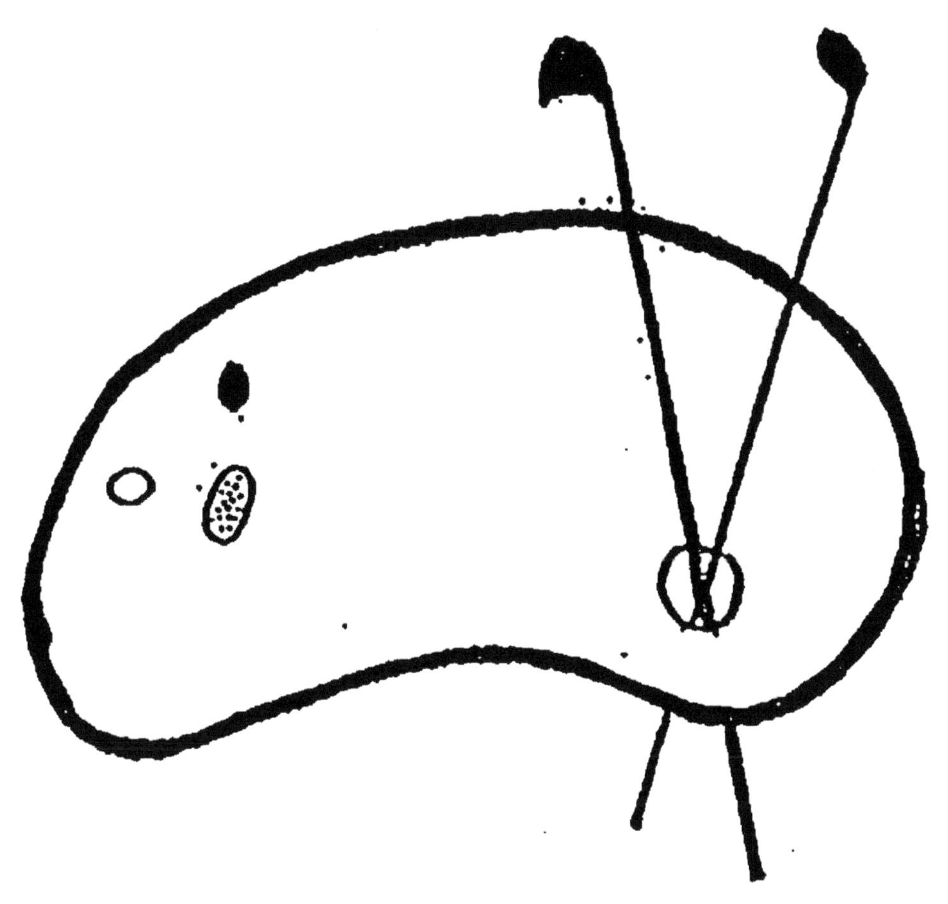

FIN D'UNE SERIE DE DOCUMENTS
EN COULEUR

COMMENT ÉLEVER

NOS ENFANTS?

ASNIÈRES. — IMP. LOUIS BOYER ET Cie, 7, RUE DU BOIS

COMMENT ÉLEVER

NOS

ENFANTS?

Par ✱✱✱

PARIS

A LA LIBRAIRIE ILLUSTRÉE

7, RUE DU CROISSANT, 7

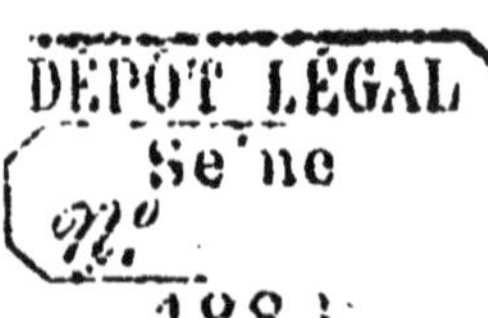

COMMENT ELEVER
NOS ENFANTS?

CHAPITRE PREMIER

AVANT LE BERCEAU

De l'amour de la femme et de l'homme ô doux fruit,
Qui mûris lentement, sous la féconde nuit
Des entrailles où dort le germe de la vie,
Dans les tre:saillements de ta mère ravie,
Dans ses langueurs, dans son long regard étonné,
Je t'ai déjà surpris, mon fils qui n'es pas né.
Je te sais là. Le flanc de celle que j'adore
Te porte et te nourrit, enfant. C'est elle encore
Que j'aime, quand je sens mon pauvre cœur troublé
Par la maternité dont son être est doublé.
N'es-tu pas notre amour qui s'incarne dans elle?
N'es-tu pas notre chair qui se fond, et se mêle,

1

Et, plus jeune, renaît ? N'es-tu pas elle et moi ?
Ne sera-ce pas nous que nous verrons en toi ?

. . . .

O ravissement pur ! Extase douce et forte !
Interrogeant ce sein mystérieux, qui porte
L'être cher évoqué par nos élans d'amour,
Mon vœu de père appelle et redoute le jour
Où, réclamant sa part de joie et de misère,
Naîtra ce fruit de nous, en déchirant sa mère.

Ces vers, assez inconnus pour être offerts comme inédits, me semblent donner la note juste des sentiments du père en cette période, véritablement solennelle, où s'élabore l'être humain. Quant à ce que ressent la femme, la MÈRE, — qui ne le sait pas par expérience peut bien en avoir l'idée, la vision et comme l'éblouissement ; mais l'imaginer ! et, pour celles qui le savent, le décrire ! Voilà la chose impossible. Le verbe humain y est impuissant. Depuis le jour où Ève sentit « que son flanc remuait » les femmes ont, au premier tressaillement de la maternité, retrouvé dans leur sein les délices de l'Éden perdu.

Mais de telles joies ne sont point gratuites. Je ne veux pas rappeler ici ce qu'elles comportent de douleurs physiques, d'appréhensions et d'angoisses. Je veux simplement dire que dès lors commence pour la femme une série de devoirs nouveaux.

Elle le sait bien, la chère créature, et Michelet pénètre jusqu'au fond de son cœur lorsqu'il écrit : « Elle désire suivre en tout le bien, la règle. Elle s'observe, se reproche le moindre écart innocent. Elle voudrait être un temple. Et ce ne serait pas assez. Elle sait que non seulement le petit être est en elle, mais *qu'il est créé par elle* incessamment, qu'elle le fait, et de son sang et de son âme. »

Son rôle d'éducatrice s'impose à elle dès ce moment et ne la lâchera plus. Eh ! oui, cet enfant qui n'est encore qu'une espérance, elle peut déjà lui imprimer la direction initiale qu'inconsciemment il suivra dans la vie.

Les passions, les sentiments, les dispositions morales de la mère ont leur contre-coup sur l'enfant qu'elle porte. Il en reçoit l'empreinte comme une cire ; mais l'empreinte, une fois faite, est presque ineffaçable.

Que d'enfants dont l'existence est tout entière restée troublée, incohérente, déséquilibrée, parce que la mère n'avait pas su, pendant sa grossesse, maîtriser une nature nerveuse et éviter les occasions de surexcitation physique ou morale ! Faut-il citer encore l'exemple de Byron, héritier de l'âme orageuse de sa mère ? Nous n'avons qu'à regarder autour de nous. Nous n'aurons pas de peine à reconnaître, dans plus d'un parmi les enfants que nous connaissons, cette marque maternelle qu'ils reçoivent avant la naissance.

Le calme, la sérénité, et, s'il se peut, le bonheur, voilà les premiers devoirs d'une jeune femme qui va devenir mère. Certes, ce sont des devoirs qui n'ont rien que d'attrayant ; et cependant il est parfois bien difficile de les remplir.

Même aux premiers mois de mariage, il se peut que le bonheur soit absent. On a vu des lunes de miel n'avoir qu'un croissant. Et, disons-le puisque c'est vrai, il y a de jeunes ménages sur lesquels cet astre n'a pas brillé même un jour.

Ce phénomène est rare, toutefois. Il n'est guère de situation où la femme, pénétrée de ses obligations de mère, ne puisse rasséréner son cœur en songeant à l'enfant qui vient.

Non seulement les violentes émotions, mais les violents mouvements, les fatigues des fêtes, les marches forcées, les secousses et les heurts peuvent avoir, et ont souvent, la plus funeste influence. Un médecin raconte qu'il céda une fois aux supplications d'une jeune femme, et lui permit d'aller au bal, à condition qu'elle ne danserait qu'une contredanse. Elle promit, et de bonne foi, assurément. Mais la première contredanse faite, le moyen de tenir sa promesse, de s'arrêter? Elle dansa toute la nuit, et fit une fausse couche.

Un ami à moi, grand et célèbre gynécologiste, divise les omnibus de Paris en deux classes : les petits, à deux chevaux, et les tramways, qui sont doux, glissent uniformément sur des rails, ou dont les cahots n'ont qu'un retentissement fort limité : ce sont là les voitures des honnêtes femmes, dit-il, des bonnes mères de famille. Mais ces énormes machines à trois chevaux qu'on appelle des omnibus monstres, et qui communiquent au voyageur leur trépidation continue en l'ahurissant de leur vacarme, que celles-là y montent qui ne veulent pas avoir d'enfants.

On ne s'attend à trouver ici ni règles médicales, ni cours d'hygiène. Des hommes savants, — des charlatans aussi, hélas ! — en ont fait le sujet de plus d'un livre. Pour distinguer les livres des savants de ceux des charlatans, si la jeune femme manque de conseils, elle peut s'en rapporter à un indice qui ne trompe guère : plus un ouvrage de cette nature fait de tapage, et plus il y a de chances pour qu'il ne débite à ses lecteurs que de l'orviétan. Le charlatanisme trouve toujours le moyen de s'entourer d'un ouragan de tambour, de trombone et de grosse caisse. Le meilleur de son talent est de savoir dire à propos : En avant la musique ! Méfiez-vous de ces musiques endiablées qui font rage, tantôt au sommet d'une grande voiture foraine, tantôt à la quatrième page des journaux.

Les meilleurs livres que je connaisse sur cette grande question de l'éducation du bébé par la mère avant et après sa naissance, sont ceux du Dr Brochard, fondateur du journal *La Jeune Mère*, l'un des hommes qui ont le plus fait en France pour le bien-être et la santé de l'enfant. Sa mort a frappé douloureusement bien des cœurs maternels; mais ses conseils lui survivent, et les jeunes femmes ne sauraient trop s'y conformer. Je signale surtout son *Guide pratique de la Jeune Mère*, et une admirable petite brochure qui s'appelle *L'Art d'élever les Enfants*, et qui coûte cinq sous.

Est-il besoin de dire que tous ces secours ne remplacent pas la direction vivante et présente d'un bon médecin? Ils peuvent l'aider, permettre de l'attendre, servir d'avertissement et de mémento. Et cela n'est-il pas beaucoup?

En tout cas, ce n'est pas du superflu. Le médecin n'est pas toujours consulté. A quoi bon? Tout va bien. Il y a des pudeurs, des répugnances, des timidités, d'autres raisons encore qui empêchent la plupart des jeunes femmes de chercher un guide au dehors. Même appelé, le médecin, s'il n'est pas l'ami de la famille, ne peut guère sortir des recommandations banales, ou s'en tient aux questions précises qu'on lui pose, au cas spécial qu'on lui soumet. Heureux encore quand, pour ne pas effrayer, pour ne pas contarier la jeune femme, il ose être franc avec elle, la prévenir à temps, lui imposer son autorité ! Que d'enfants morts-nés seraient vivants, que de pauvres femmes à jamais attristées seraient heureuses, si le praticien n'avait pas reculé devant des considérations de clientèle, de prétendues convenances, de douceur plus cruelle que la brutalité, et avait fait bon gré malgré ce qu'il savait qu'il y avait à faire !

Tel médecin qui, dans sa salle d'hôpital, mène ses malades comme un régiment et sauve mères et nourrissons, reste gauchement indécis devant une jeune femme du monde, et laisse faire le hasard, — qui est un hasard de vie ou de mort, — plutôt que de froisser sa délicatesse.

Qu'elle se vienne donc en aide à elle-même, puisqu'elle a si peu à attendre des secours étrangers. Qu'elle sache qu'elle est vraiment un temple, selon l'expression de Michelet, le tabernacle où repose la vie même du genre humain. Une telle idée sera féconde. Elle y puisera le respect d'elle-même, l'austère orgueil de la haute fonction qui lui incombe, et, pratiquement, par une conséquence nécessaire, le sentiment, je dirais l'instinct, des précautions, de la prudence, des soins qu'elle se doit et auxquels elle devra son enfant.

Ce n'est pas pour une telle femme que le Dr E. Bouchut, le médecin en chef de l'hôpital des Enfants, à Paris, a écrit, avec l'autorité de sa grande expérience, ces lignes si tristement vraies pour d'autres : « La femme arrive à la maternité et commence l'allaitement sans se douter des devoirs, de la tâche qu'elle doit remplir; son inexpérience est absolue. La futilité même l'emporte souvent sur le nécessaire. On prépare le berceau, les bonnets, les chiffons destinés à embellir l'enfant, mais on ignore les moyens de le conserver. »

Il y a sans doute un remède à ce mal déplorable. Puisque le mal vient de l'ignorance, où trouverons-nous le remède, si ce n'est dans l'éducation? Lorsqu'on aura compris que le couronnement de l'éducation des filles, c'est la connaissance des devoirs de la femme, et surtout lorsqu'on en sera venu à appliquer résolument cette vérité, dont on accepte sans conteste l'évidence, mais qu'on est bien timide et bien lent à faire passer dans l'ordre des faits, — nous n'entendrons plus de telles plaintes. Tout se fera en connaissance de cause, et celles qui ne rempliront pas leur tâche maternelle jusque dans ses détails seront véritablement de mauvaises mères.

Il ne faudrait pas connaître le cœur féminin, pour craindre que le nombre en soit grand.

CHAPITRE II

LE NOURRISSON

Bébé a fait son entrée dans le monde. Il est là, nettoyé, habillé, couché et dormant en son berceau, ses deux petits poings sur ses yeux encore ignorants de la lumière, non loin de la mère, étendue, pâle et souriante, dans son grand lit.

Et le père le regarde, et son cœur chante comme le poète :

> O mon tout petit fils, ô mon tout petit nous :
> Chose faite de moi, d'*Elle!* Chose bénie !
> Chose que l'on voudrait regarder à genoux,
> Silencieusement, dans l'extase infinie... (1)

Et son cœur, qu'il croyait plus dur, se fond

(1) Jean Rameau.

d'attendrissement pour sa femme, qui lui a donné cet enfant, pour cet enfant, sans lequel il ne saurait pas au juste combien sa femme lui est chère.

Sacré berceau, frêle espérance !

a dit Lamartine en saluant la naissance du duc de Bordeaux. Aussi sacré que celui des fils des rois est le berceau de tout enfant des hommes. Et aussi frêle l'espérance qu'il contient. De quels soins, de quelle sollicitude on l'entoure ! Comme on sent, même ceux qui ne s'en rendent pas compte, même les natures grossières, que c'est le meilleur de soi qui est là, et qu'en faisant vivre ce petit être chétif, l'on se perpétue soi-même et l'on s'assure l'avenir !

Devant l'enfant qui naît toute douleur s'efface.

Cela est vrai pour tous, même pour les malheureux, pour les misérables qui ne savaient comment manger hier, et qui le sauront encore moins demain. Avoir un enfant c'est l'accomplissement suprême de la destinée, et cela ne va pas sans une délicieuse sensation. N'est-elle pas bien humaine, cette idée du poète, que

S'il est quelque part, là haut, un Empyrée,
Un Olympe, un Éden, un Ciel, un Paradis
Ouvert pour les élus et clos pour les maudits,
Ce n'est pas un endroit plein de fleurs et de bêtes,
Avec dieux et martyrs, apôtres et prophètes,
Mais que c'est un séjour — le plus beau des séjours ! —
Où des enfants vous font des risettes, toujours (1).

Je sais bien que la vie peut être considérée comme un don funeste, et que les heures de désespoir sonnent où l'on se retourne, yeux hagards et poings crispés, interrogeant la grande Énigme muette, et s'écriant :

Quel crime avons-nous fait pour mériter de naître?

« L'homme, fils de la femme, vit peu de jours et souffre beaucoup de maux, » dit la Bible, et les lamentations de Job ont tôt ou tard leur écho dans le cœur de chacun de nous. Ce côté sombre a frappé bien des esprits dans tous les temps, mais l'impression en est devenue, de nos jours, singulièrement intense. Jean Richepin l'a exprimée avec une vigueur farouche dans ces vers :

(1) Jean Rameau.

... Son premier cri, c'est un vagissement
Lugubre, comme si dans les choses futures
Il voyait ce qu'il doit endurer de tortures.
Ah! qu'il pleure, qu'il pleure encore, l'infortuné !
On ne peut trop gémir du malheur d'être né.
Le voilà qui grandit lentement, laid, débile,
Acre de sang, rongé d'humeur, pétri de bile,
Plein de gourme au dehors et de fièvre au dedans,
Souffrant comme un damné rien qu'à faire ses dents.
Il faut l'entortiller de maillots et de langes
Ainsi qu'une momie. Il a des maux étranges :
La rougeole qui met son sang à fleur de peau,
Le croup qui dans sa voix fait râler un crapaud,
Et les convulsions qui tordent sa carcasse...
Un rien le rend mourant. Pour peu qu'il ait été
Ou cinglé par l'hiver ou mordu par l'été,
Il faut le rétablir à coups de médecines.
Les moindres voluptés pour lui sont assassines :
Le plaisir de courir les membres découverts,
De barboter dans l'eau, de manger des fruits verts,
De jouer, c'en est plus qu'il ne faut pour le mettre
Sur le flanc. Malgré tout, il vit. Alors un maître
S'empare de sa vie. Un supplice nouveau
Commence. Sans relâche on meurtrit son cerveau.
On laboure en tous sens sa mémoire obsédée
De sillons douloureux où doit germer l'idée.
On use à ce travail ses jours d'adolescent.
Puis la jeunesse arrive et le tourmente.....

Il est vrai, la douleur est une des lois de la

vie. S'ensuit-il qu'il vaille mieux ne pas vivre? Comment ce qui n'est pas serait-il meilleur ou plus heureux que ce qui est? La première condition pour valoir ou pour jouir est d'être. Ce qui n'est pas ne saurait être mis en comparaison avec rien de ce qui est, et en parler est bien oiseux.

Non, la question n'est pas d'être ou de ne pas être. La question est de développer son être dans tous les sens, de le munir contre les attaques, de diminuer autant qu'on peut pour lui les occasions de souffrance, tout en augmentant sa capacité de sentir.

Demandez au sombre poète qui s'écriait tout à l'heure :

On ne peut trop gémir du malheur d'être né!

s'il est des joies qu'il ait ressenties pleinement, s'il en est qu'il savoure encore et dont le rayonnement dore les heures les plus lugubres de sa vie; il vous dira qu'il les a trouvées, ces joies, qu'il les trouve dans ses enfants.

Une anecdote personnelle à ce propos. Jean Richepin appartient déjà, pieds et poings liés, à l'anecdote, comme tous ceux qui sont entrés dans la célébrité ou dans la gloire. De ces anecdotes, on en a raconté, on en racontera beaucoup, aussi authentiques peut-être, mais qui le feront connaître moins bien. Absent de Paris depuis plusieurs années, à mon retour j'avais eu hâte de revoir Richepin. Il m'avait parlé de son petit Jacques de cet accent qu'ont les pères; mais je n'avais pu, à mon grand regret, faire connaissance avec l'enfant, qui n'était pas à la maison. Quelques jours après, je traversais le quai d'Orsay et j'allais m'engager sur le [Pont-Royal, lorsque je fus croisé par une bonne tenant un tout petit garçon par la main. Le sourire de cette fille m'arrêta. C'était la bonne de Richepin qui m'avait reconnu. — « Ah ! ah ! voilà mon petit Jacques ! » — « Oui, dit la bonne. Monsieur est un ami de papa. Dites-lui comment vous vous appelez et ce que vous avez fait. » — « Je m'appelle Jacques Richepin, dit le bambin qui n'avait pas trois ans alors; j'ai fait la *Chanson des Gueux*, et aussi *La Glu*. » — « Et aussi *Les Caresses*, » lui dis-je en l'embrassant.

Fier de son père et de ses œuvres, l'enfant s'identifiait avec lui. Et de son côté, croyez-le;

parmi toutes ses œuvres, c'est encore de ses enfants que le poète est le plus fier.

Un homme illustre, qui vida jusqu'à la lie la coupe de toutes les gloires et de toutes les grandeurs, a montré le fond éternel du cœur humain, lorsqu'il a dit que, pour être heureux, il ne souhaitait rien.

> Pourvu que dans les bras d'une épouse chérie,
> Je goûte obscurément les doux fruits de ma vie ;
> Que le rustique enclos, par mes pères planté,
> Me donne un toit l'hiver, et de l'ombre l'été ;
> Et que d'heureux enfants ma table couronnée
> D'un convive de plus se peuple chaque année...

Il ne s'assiéra pas dès le premier jour à la table, ce nouveau convive. Mais enfin il est venu, et son éducation, déjà commencée lorsqu'il était encore dans les limbes de la vie, ne va pas s'interrompre maintenant qu'il est vivant.

Comme hier, aujourd'hui encore c'est la mère qui est la grande, la seule éducatrice. Elle le sera longtemps, et si elle doit partager plus tard, jamais elle n'abdiquera. Mais le nourrisson lui appartient tout entier.

Ce droit, retourné, est un devoir; devoir strict, dont rien ne saurait excuser, que l'impossibilité matérielle la plus absolue : la mère doit nourrir elle-même son enfant.

Qu'on n'allègue pas une santé délicate, une constitution faible, des occupations absorbantes, ni surtout les convenances sociales et les plaisirs mondains.

Si la mère est malade, si elle n'a pas de lait, si un médecin qui n'est pas un complaisant oppose son *veto* formel, il faudra bien prendre une nourrice, car l'allaitement artificiel commencé dès les premiers jours est plein de dangers et, dans les villes, presque certainement mortel. Mais, même alors, la mère dirigera la nourriture, l'éducation de son enfant, et jamais, sous aucun prétexte, elle ne se séparera de lui, ni ne se reposera sur la nourrice de la surveillance incessante et des soins qu'elle lui doit.

« Voyons! comment ferez-vous? disait le médecin, ami de la famille, à une jeune mariée parisienne, délicate, nerveuse, de formes grêles et d'apparence presque enfantine. L'enverrez-vous à la campagne, chez les grands-parents, ou voulez-vous que je vous cherche une nourrice ? » — « Oh ! docteur !... » Ce fut tout ce que la pauvre femme put dire, suffoquée; et elle éclata en sanglots. — « Allons ! allons ! Ne vous désolez pas. Vous aurez peut-être beaucoup de lait. On ne sait pas d'avance. Nous verrons, » reprit le médecin, touché, confus, essayant de réparer le mal. On a vu. Elle a nourri le premier; elle a nourri le second; elle nourrira les autres s'il en vient. Ah ! la brave petite femme, et telle que toutes devraient être !

Elles le seraient, à de tristes mais rares exceptions près, si on leur disait la vérité, si on leur montrait le devoir, si, par une pitié mal entendue ou par un calcul égoïste, on ne les effrayait pas d'une tâche douce au cœur de toutes, et que presque toutes ont la force d'aborder.

Le mari a ici une grosse responsabilité. C'est lui qui souvent dissuade sa femme, l'empêche formellement de donner le sein. Pourquoi ? — « Parce que tu n'es pas assez forte, et que ta santé passe avant tout, ma chérie. » — Voilà ce qu'il lui dit, ce qu'il se dit à lui-même, je le veux croire. Mais cette raison ne vaut rien : nos femmes de France ne sont pas dégénérées à ce point de ne pouvoir être mères jusqu'au bout. Je reprends donc ma question : Pourquoi ? Ah ! parce que Monsieur reçoit et a besoin de Madame pour faire les honneurs de chez lui ; parce que Monsieur va dans le monde, et qu'il triomphe des succès de sa femme ; parce qu'il l'aime comme il a aimé ses maîtresses et qu'il a besoin d'elle au bois, au théâtre, en voyage, en cabinet particulier ; parce qu'il sait que les nuits d'une mère qui nourrit sont des nuits courtes et troublées et qu'il redoute les brusques réveils. J'en ai connu un qui, n'ayant pu obtenir que sa femme prît une nourrice, quitta la chambre conjugale sous prétexte qu'il ne pouvait supporter l'odeur du lait ! Le triste sire, dont je pourrais dire le nom, était, de son métier, parfumeur.

Dans tous ces cas, et dans les autres analogues, la mère est à plaindre ; mais le père est mauvais.

Je ne parle pas des familles où la nécessité du pain quotidien entraîne forcément au dehors le père et la mère, et les forcent de confier leurs enfants à une garde, à une parente ou aux crèches. Ce sont là de lamentables faits

dont parents et enfants sont à la fois victimes. Mais si, dans le commerce ou dans les
arts, une mère prend une nourrice pour continuer à gagner de l'argent ou à poursuivre
sans gêne une occupation favorite, cette mère
est coupable envers ses enfants.

Coupable aussi envers elle-même, la pauvre
femme ! Elle ne sait pas de quelles jouissances
elle se prive, et que ni l'argent ni l'art ne lui
en donneront jamais d'aussi vives et d'aussi
pures.

Franchis le seuil ! — L'enfant dans un calme sommeil,
Repose en son berceau ! Souriante, enivrée,
La mère est là, debout, épiant son réveil,
En extase devant cette couche adorée ! (1)

« Le premier sourire, dit excellemment le
Dr Brochard, le premier baiser, la première
dent, le premier bégaiement et les premiers
pas, telles sont les premières joies que ne connaîtra jamais la femme qui confie son nouveau
né à une nourrice mercenaire...

» C'est vers la fin du deuxième mois que le

(1) F.-E. Adam.

nouveau-né commence à sourire à sa mère...
Par une loi de la nature dont la femme doit
être fière, c'est toujours à sa mère que s'adressent ses premières caresses et les premières
lueurs de son entendement. »

Celles qui se privent de ces joies de gaieté
de cœur font un sot marché. Quelle proie délicieuse lâchée pour une ombre vaine ! Elles n'en
croient pas les véritables mères?... Croiront-
elles davantage le grand Balzac qui, par la toute-
puissance du génie, a su mettre dans la bouche
d'une jeune femme ces paroles adorablement
vraies :

« Ce petit être ne connaît absolument que
notre sein. Il n'y a pour lui que ce point brillant dans le monde, il l'aime de toutes ses forces, il ne pense qu'à cette fontaine de vie, il y
vient et s'en va pour dormir, il se réveille pour
y retourner. Ses lèvres ont un amour inexpri-
mable, et, quand elles s'y collent, elles y
font à la fois une douleur et un plaisir, un
plaisir qui va jusqu'à la douleur, ou une
douleur qui finit par un plaisir ; je ne sau-
rais t'expliquer une sensation qui du sein
rayonne en moi jusqu'aux sources de la vie,

car il semble que ce soit un centre d'où partent
mille rayons qui réjouissent le cœur et l'âme...
Il n'y a pas de caresses d'amour qui puissent
valoir ces petites mains roses qui se promènent
si doucement, et cherchent à s'accrocher à la
vie.... On voit ce que devient le lait, il se fait
chair, il fleurit au bout de ces doigts mignons
qui ressemblent à des fleurs et qui en ont la
délicatesse; il grandit en ongles fins et trans-
parents, il s'effile en cheveux, il s'agite avec
les pieds. Oh! des pieds d'enfant, mais c'est
tout un langage. L'enfant commence à s'exprimer par là. »

« Eh! quoi! disait une jeune mère au moment du sevrage de son premier enfant, je ne
sentirai donc plus la fraîcheur de cette petite
bouche à mon sein ! »

N'est-il pas ravissant ce tableau qui passe
devant les yeux comme une vision, quand on
lit le passage où Victor Hugo montre l'enfant
dans les bras de la mère, qui

> D'une goutte de lait au bout du sein restée,
> Agace sa lèvre en riant?

Mais il ne suffit pas d'accepter son devoir

courageusemont, joyeusement, d'en comprendre les beautés, d'en savourer les joies, de s'en
éprendre avec enthousiasme. Il faut savoir
comment le remplir. Cela semble plus terre-à-
terre ; mais c'est de la terre que la poésie prend
son vol pour monter au ciel, et c'est la terre
qu'il faut toucher, comme notre frère aîné le
Titan, lorsqu'au milieu de la lutte, on a besoin
de forces nouvelles.

« N'est-il pas monstrueux, dit le philosophe
anglais Herbert Spencer, que le sort des nouvelles générations soit abandonné aux hasards
d'usages irraisonnés, de l'instinct, du caprice,
unis aux conseils de nourrices ignorantes, et aux
avis de commères pleines de préjugés ?... Aux
dizaines de mille qui en meurent, ajoutez les
unités de mille qui ne survivent qu'avec une
constitution ruinée et les millions qui grandis-
sent avec une constitution moins forte que celle
qu'ils devraient avoir, et vous aurez une idée des
maux qu'infligent à leur postérité les parents
ignorants des lois de la vie. »

Ces lois de la vie, je n'ai pas à les exposer.
Les ouvrages spéciaux — j'en ai indiqué déjà —
ne manquent pas où les mères soucieuses de

bien faire trouveront des notions suffisantes pour
que leur zèle ne s'égare pas. On peut, du reste,
au point de vue général où nous nous plaçons ici,
les résumer en quelques mots: propreté, régularité ; ne jamais contrarier la nature, mais,
savoir, à l'occasion, l'aider, et la suppléer. .

J'ai souvent entendu des jeunes femmes,
rapporte le docteur Brochard, se servir d'une
expression qui m'a toujours fait plaisir. « Voyez,
docteur, me disaient-elles, comme mon enfant
est joli, comme *il sent bon*. » Un enfant est toujours beau pour sa mère, mais il ne sent bon que
lorsqu'il est bien soigné. Il faut pour cela que
l'amour maternel se lie, chez la femme, à l'intelligence. »

Et ailleurs :

« A quel âge faut-il apprendre à un enfant à
marcher ?... Il ne faut jamais apprendre à un
nouveau-né à marcher. La marche, chez l'enfant,
est instinctive. Aussitôt qu'il sent ses jambes
assez fortes pour le porter, il se lève de lui-
même et marche tout seul. »

Cet excellent ami des enfants s'élève contre bien d'autres habitudes et préjugés funestes,
à propos de l'alimentation, de la dentition, du

sevrage, des croûtes de lait, du vêtement, des petites voitures et de mille autres détails qui ont la plus grande importance dans l'éducation physique du nourrisson. Il y a des femmes qui ne veulent pas quitter leur enfant un seul instant, mais qui ne veulent pas non plus abandonner leur train de vie et leurs plaisirs accoutumés. C'est ainsi qu'on voit des mères porter de tout petits enfants au théâtre, et qu'il n'y a pas de foule ni de cohue sans bébés.

J'écris ceci un 14 juillet, jour de fête nationale, à l'heure où l'on tire des feux d'artifice en plusieurs endroits de Paris. Il est probable que demain les faits divers des journaux signaleront des enfants perdus, étouffés ou écrasés. Mais ils ne signaleront pas les petits êtres qui ont rapporté chez eux, en expiation de la curiosité de leurs mères, des germes de maladie et de mort. La police fait des règlements pour la circulation des voitures, elle interdit aux chiens certains lieux publics; ne pourrait-elle pas, sans tomber dans la tyrannie, exclure des fêtes populaires les mamans et les papas qui y portent ou y traînent leurs petits enfants? La liberté est une grande et belle chose; mais quand elle va jusqu'au meurtre, fût-il inconscient, il est permis de trouver qu'elle va loin.

« L'homme ne sçait manger, marcher, ne parler, s'il n'est enseigné », dit un vieil auteur (1). Mais pas plus que l'éducation physique, l'éducation intellectuelle et morale ne doit être négligée, même à cet âge si tendre, dit encore le Dr Brochard, que j'aime à citer parce qu'il a vécu pour l'enfance. « Le nouveau-né est un petit être intellectuel, une cire molle dont on fait ce que l'on veut en lui donnant de bonnes habitudes, et dont l'éducation morale, comme l'éducation physique, commence dès le berceau. »

Ces vérités ne sont pas des découvertes modernes, et les Grecs les connaissaient aussi bien que nous. Voici ce qu'Amyot nous traduit de Plutarque : « S'il n'est pas possible aux mères de nourrir leurs enfants pour aucune imbecillité ou indisposition de leurs personnes, comme il

(1) Pierre Sallat. *Declamation contenant la maniere de bien instruire les enfans, des leur commencement.* Paris, 1537.

peut bien advenir, à tout le moins faut-il avoir
l'œil à choisir les nourrices et gouvernantes, non
pas prendre les premières qui se présentent,
ains les meilleures que faire se pourra... car
plus ne moins qu'il faut, dès la naissance, dresser et former les membres des petits enfants, à
fin qu'ils croissent tous droits, et non tortus
ne contre faicts; aussi faut-il dès le premier
commencement, accoutrer et former leurs
mœurs, parce que ce premier âge est tendre et
apte à recevoir toute sorte d'impression que
l'on luy veut bailler. »

Saint Augustin cite un trait de jalousie d'un
enfant à la mamelle; il remarque aussi, et Fénelon le répète, que les enfants sont susceptibles d'instruction avant même de savoir parler, puisque c'est alors que, par la seule force de
leur observation, ils apprennent peu à peu à se
servir du langage, ce qui n'est pas une petite
affaire, tant s'en faut.

L'auteur d'un vieux livre intitulé *L'Art de
bien employer le Temps*, rapporte un fait dont
tout le monde a pu être témoin :

« J'en ai vû, dit-il, à qui on donnoit si longtemps à teter, qu'ils avoient l'esprit, l'adresse,

et la force de porter un siege à leur nourrice, pour la faire asseoir afin qu'ils tetassent. »

J'ai bien connu un gaillard de trois ans qui, au milieu du salon, venait tirer sa mère par la main en lui disant : — « Maman, je veux téter. »

Les mères, en de tels exemples, sont des femmes imprudentes et faibles, dont on peut dire qu'elles ne savent pas ce qu'elles font. Il en est tout autrement des bébés qui, eux, le savent parfaitement.

Les impressions premières des enfants sont si vives et si tenaces que, comme le rapporte J. P. de Crousaz, auteur d'un *Traité de l'Éducation des Enfans* publié au siècle dernier, « les louches avoient, dans leur défaut, quelque chose d'aimable pour Descartes, parce que sa nourrice l'étoit. »

Montaigne a sur ce sujet une page qu'on ne saurait trop relire.

« Je treuve, dit-il, que nos plus grands vices prennent leur ply dès nostre plus tendre enfance, et que notre principal gouvernement est entre les mains des nourrices. C'est passe-temps aux meres de veoir un enfant tordre le col à un poulet et s'esbattre à blecer un chien et un chat : et tel pere est si sot de prendre à bon augure d'une ame martiale quand il veçid son fils gourmer injurieusement un païsan ou un laquay qui ne se deffend point ; et à gentillesse quand il le veoid affiner son compaignon par quelque malicieuse desloyauté et tromperie. Ce sont pourtant les vrayes semences et racines de la cruauté, de la tyrannie, de la trahison : elles se germent là ; et s'elevent après gaillardement, et profitent à force entre les mains de la coutume. »

Rien n'est à négliger dans l'éducation de l'enfant dès sa naissance ; car, comme l'a si bien dit l'illustre poète qui a élevé la condition de grand-père à la dignité d'art :

> .....Cet être est ici bas le moindre
> Et le plus grand.

CHAPITRE III

BÉBÉ PROFESSEUR

Ne craignons pas de prodiguer nos soins à l'éducation du petit être. Ne plaignons pas notre peine. Ce n'est pas une mauvaise affaire. Bébé n'est pas avare, et il nous remboursera à gros intérêts.

Nous lui enseignons mille choses qu'il ne sait pas, et, dans ce travail d'intuition et de compréhension, c'est encore lui qui fait la plus grosse besogne. Mais comme il nous rend au centuple ce que nous lui donnons! Non pas en nous enseignant ce que nous savons, nous, mais en nous le rappelant, en nous en montrant la nécessité, en nous obligeant doucement et invinciblement à revenir au devoir oublié, dédaigné, blasphémé, nié quelquefois.

Qu'ils sont beaux, les enfants ! Leur robe d'innocence
Fait si bien à côté de nos habits de deuil !
Nous sommes les regrets ; eux, ils sont l'espérance ;
Ils ont l'humble candeur, et nous avons l'orgueil (1).

Le poète ami qui a écrit ces lignes harmonieuses et touchantes, a bien compris le rôle de l'enfance ; et, cependant, — chagrin amer ! — il ne lui a été donné d'aimer que les enfants des autres. Mais dans la famille, entre le père et la mère, ce rôle du cher petit, combien ne devient-il pas plus intime, plus pressant, plus efficace !

« Tu seras mon bâton de vieillesse », dit en riant le père au bambin qui commence à marcher. Votre bâton de vieillesse, peut-être, ô père ; mais, quel que soit votre âge, il vous maintient déjà, vous redresse, vous affermit, et est, le pauvre chétif innocent, votre guide et votre tuteur.

Les enfants chancelants sont nos meillleurs appuis,

a dit Victor Hugo qui a allumé aux yeux de l'enfance plus d'un des rayons de son génie.

(1) F.-E. Adam.

Comment se laisser aller aux penchants mauvais devant ces deux grandes prunelles candides? La colère, les querelles, la dureté, le mensonge, l'injustice pratiqués en présence d'un enfant, c'est, pour un chrétien, comme s'il péchait devant son confesseur ; pour tous, c'est être coupable en face de son juge ; pour un père et une mère, c'est salir de sa propre souillure l'être innocent qu'on aime.

Après quelque temps de mariage, il peut arriver, — le contester, serait vain — que les époux qui s'aiment le mieux s'alanguissent, se refroidissent, et que l'amour, s'il ne s'éteint pas, s'endort. Que l'enfant vienne, et l'endormi se réveille, et tout flambe à nouveau.

L'enfant ! trait-d'union qui rapproche deux âmes !
Prisme réunissant les rayons de deux cœurs !

Les philosophes là-dessus ne parlent pas autrement que les poètes. Ainsi M. Paul Janet :

« L'enfant est la fin et le nœud de la famille : c'est par lui, c'est pour lui qu'elle existe...

» L'enfant ramène la paix dans un ménage en discorde, la décence et l'honnêteté dans un ménage mal réglé, l'ordre et l'économie dans un ménage dissipateur. »

Qui n'a vu des pères renoncer, suivant leur position sociale, qui au cabaret, qui au café, qui au cercle, qui au tabac, parce que monsieur Bébé leur avait soufflé à l'oreille que ce ne serait pas un sacrifice perdu? Qui ne connaît des femmes mondaines, légères, dissipées et dissipatrices, devenues économes, réservées, prudentes, de vraies femmes de foyer parce qu'à ce foyer présidait un petit dieu conçu dans leur sein? Que de séparations empêchées, que de divorces arrêtés, que de dissentiments oubliés et détruits grâce à ce magicien qui crie, téte et dort!

Plus tard cette influence s'exercera encore, puissante et salutaire. Les parents veilleront sur leurs paroles, sur leurs actions, pour mériter la confiance et le respect de leur enfant, et ne leur offrir en exemple que le bien. J'aurai l'occasion d'en reparler ailleurs. Je ne m'occupe ici que des leçons que donne, dès les premiers jours de sa vie fragile, ce professeur qui ne sait rien. On peut en noter de bien curieuses et de singulièrement précises.

« J'ai vu, dit Mme Necker de Saussure, un enfant de neuf mois pleurer amèrement et refuser son déjeuner, parce que la tasse, la soucoupe et la cuiller n'étaient pas dans leur position accoutumée. En profitant de cette disposition des petits enfants, nous leur donnerions aisément le goût de l'ordre. »

N'est-ce pas eux, bien plutôt, qui pourraient nous le donner, si nous savions nous apercevoir et profiter de l'enseignement? Que les mères y prennent garde: elles donnent souvent leurs défauts à l'enfant, faute de prendre la peine d'étudier et de suivre les qualités naturelles qui se développent spontanément chez lui.

Je trouve dans les *Lettres du Vicomte de Launay*, — ces brillantes chroniques que Madame Emile de Girardin écrivait du temps que la chronique n'existait pas et qu'on lit encore avec plaisir, — une anecdote, que je ne qualifierai pas, comme elle, de plaisante, mais qui m'a frappé et qui rentre dans mon sujet.

« Une femme célèbre par son courage nous racontait qu'un soir elle avait été sauvée d'une

mort terrible et coupable par un hasard plai-
sant. Elle venait d'apprendre une affreuse
nouvelle, elle éprouvait un de ces désespoirs
sans bornes qui montrent un avenir sans refuge;
dans le vertige de la douleur, elle résolut de
mourir... « J'étais folle, nous disait-elle, j'avais
» tout oublié, je n'étais plus capable que d'un
» seul calcul, je pensais avec joie que je demeu-
» rais au second étage, au-dessus d'un apparte-
» ment très élevé, et qu'en me jetant par la
» fenêtre ma chute serait mortelle; et je courus
» vers la fenêtre. Mais pour l'ouvrir, il fallait dé-
» tourner un cheval de bois, un cheval à bascule
» qu'on avait rangé devant elle : c'était le joujou
» de mon fils. En le voyant, je m'arrêtai subite-
» ment, un poignant remords me serra le cœur.
» Que vous dirai-je ? je n'eus pas le courage
» de détourner le cheval et d'ouvrir la fenêtre;
» je tombai à genoux et je m'évanouis; on me
» releva au pied du cheval, dont la crinière était
» toute baignée de mes larmes. »

Une mère sauvée du suicide par le jouet de
son fils ! Ah ! si elle avait gardé près d'elle cette
tête souriante et pure, elle n'aurait même pas
eu la pensée du crime.

La haute valeur des leçons que nous donne Bébé par cela seul qu'il existe et que nous l'aimons, a été nettement indiquée par M. Paul Janet dans des lignes à la force desquelles je ne pourrais rien ajouter.

« Les anxiétés qu'il cause, les alternatives d'espoir et de crainte que donne sa vie fragile, cette torture paternelle ou maternelle que ne peut pas même soupçonner celui qui ne l'a pas éprouvée est une école d'énergie morale dont rien n'approche. »

CHAPITRE IV

LE NATUREL ET L'ÉDUCATION

Chassez le naturel, il revient au galop.

Pas toujours. Cela dépend du moment où l'on commence la chasse et de la manière dont on s'y prend.

L'homme naît-il bon ou mauvais? Question fort controversée, que des esprits vigoureux et passionnés ont résolue dans un sens ou dans l'autre avec la même ardeur, et, il me semble, le même parti pris. Question assez oiseuse, après tout; car, si l'homme naît mauvais, il faut lui apprendre à être bon: et, s'il naît bon, il faut se garder de lui apprendre à devenir mauvais. On me dira que dans le premier cas l'éducation sera positive, active; tandis que, dans l'autre, elle sera négative, expectative, et qu'entre les deux systèmes, la différence est énorme. Ce petit livre n'est point fait pour donner asile aux théories abstraites et aux discussions. Mais je soupçonne que la différence est dans l'imagination des théoriciens bien plutôt que dans les faits. Apprendre à un enfant mauvais ce qui est bien ou enseigner à un enfant bon ce qui est mal, c'est, si vous voulez, l'envers et l'endroit, mais c'est toujours la même étoffe. Renvoyons donc, en ce procès, saint Augustin et Jean-Jacques Rousseau dos à dos, et philosophons à la bonne franquette, comme ceux qui ont à vivre de la vie réelle de tous les jours.

Pour nous donner le ton, laissez-moi faire parler Plutarque par la bouche d'Amyot.

« Lycurgue, celuy qui establit les lois des Lacédémoniens, prit un jour deux jeunes chiens de nez, de mesme père et de mesme mère, et les nourrit si diversement, qu'il en rendit l'un gourmand et goulu, ne sachant faire autre chose que mal, et l'autre bon à la chasse et à la queste; puis un jour que les Lacédémoniens estoient tous assemblez sur la place en conseil de ville, il leur parla en ceste manière: « C'est chose

» de très grande importance, seigneurs Lacé-
» démoniens, pour engendrer la vertu au cœur
» des hommes, que la nourriture et l'accoustu-
» mance, ains come je vous feroy voir et tou-
» cher au doigt tout à ceste heure. » En disant
cela, il amena devant toute l'assistance les
deux chiens, leur mettant au devant un plat de
souppe et un lièvre vif; l'un des chiens s'en
courut incontinent après le lièvre, et l'autre se
jetta tout aussi tost sur le plat de souppe. Les
Lacédémoniens n'entendoient point encore où il
vouloit venir, ni que cela vouloit dire, jusques
à ce qu'il leur dist : « Ces deux chiens sont nez
» de mesme père et de mesme mère ; ayant été
» nourris diversement, l'un est devenu gour-
» mand, et l'autre chasseur. Cela doncques
» suffise quant à ce point de l'accoustumance et
» de la diversité de la nourriture. »

Nous retrouverons ces deux chiens plus tard,
en France, où ils s'appelleront César et Laridon et ajouteront, peut-être, quelque chose à
l'enseignement qu'en avait tiré Lycurgue.

Mais on comprendra mieux dès maintenant
cette maxime de M. F. Marbeau:

« Tout enfant sera pour sa famille et pour le

pays une source de biens et de maux, suivant l'éducation. »

Je ne veux pas dire que l'éducation soit tout. Il est des plantes bonnes et vigoureuses qui poussent sans culture et dans les plus maigres sols. D'autres, au contraire, sorties sans doute d'un germe vicié, croissent difficilement, étiolées, difformes et stériles, dans le milieu le plus favorable, malgré les soins les plus assidus et les plus intelligents.

Quelles sont les causes qui influent si fatalement sur les caractères? Les savants vous diront ce qu'ils en savent. Il me suffit de constater qu'il y en a. Je citerai cependant plus spécialement l'hérédité ou son autre forme, l'atavisme, que nul ne nie, et qui doit être pour les parents le plus puissant et le plus salutaire des freins. Penser que nous transmettons à nos enfants nos vices physiques et moraux, voilà qui est bien fait pour nous donner la force d'extirper en nous tous ceux qui dépendent de notre volonté.

Ce sont des considérations de cette nature qui ont fait dire à M. Compayré : « L'éducation ne peut rien si elle ne rencontre pas des germes à développer ; par conséquent c'est dans les âmes où ces germes sont le plus nombreux et les plus riches de sève qu'elle acquiert toute sa puissance. »

Mais combien sont rares ces âmes où n'existe aucun germe que l'éducation puisse féconder ! Là où il ne s'en trouve pas, c'est bien plus souvent la faute de l'éducateur que de l'éducation. Il n'est guère d'être qui ne soit maniable par quelque endroit, guère de cœur où quelque fibre ne soit prête à vibrer. C'est cela même qui fait la difficulté et la grandeur de l'art de l'éducation. Trouver le point sensible dans les natures réfractaires, le joint où elles céderont, et partir de là pour s'en emparer entièrement et les réformer, voilà, certes, une des plus grandes œuvres que puisse accomplir un honnête et actif esprit. « J'aimerais mieux, écrivait Saint-Réal, une excellente éducation avec un naturel médiocre, que le plus riche naturel du monde avec une mauvaise éducation. »

Dans un ordre d'idées semblables, un des plus grands savants de l'Angleterre contemporaine, William Huxley, a dit en termes pittoresques :

« Tout homme doué de grandes aptitudes, mais qui est resté ignorant et misérable, est un grand danger pour la société, comme une fusée sans baguette pour les gens qui s'amusent à la tirer! La misère est un brandon qui ne s'éteint jamais; le génie est une force explosive, un monceau de poudre, et si l'instruction qui dirigerait la poudre fait défaut, il y a des chances pour que la fusée éclate bel et bien sur place et ravage tout alentour. »

C'est surtout en fait d'éducation qu'il faut se garder des jugements hâtifs et des conclusions précipitées. Un prélat illustre, dont la plus belle gloire est peut-être d'avoir été un éducateur convaincu, a bien exprimé cette vérité.

« Trop souvent, dit l'évêque Dupanloup, l'on s'effraie sans raison des défauts du premier âge. Sous l'écorce la plus raboteuse, il y a quelquefois un tronc vif et plein de sève qui donnera d'excellents fruits; comme aussi quelquefois une superficie douce et polie cache un fond trompeur et des principes malheureux de corruption. »

Comme tous ceux qui ont vu de près les enfants, qui se sont intéressés à eux, qui les ont suivis dans leur développement jusqu'à l'entrée de leur carrière d'homme et même au-delà, il préfère les turbulents aux indolents, ceux qui se cabrent à ceux qui s'endorment. « Mieux vaut mille fois les natures vives, impétueuses, passionnées. Sans doute elles ont besoin d'être fortement gouvernées; mais aussi elles offrent de grandes ressources pour les grandes choses. »

Il ne faut, d'ailleurs, rien négliger, ni rien dédaigner. Le point est de ne laisser nul terrain en friche. S'il en est de trop sauvages, rocailleux et arides pour qu'il soit possible de les ameublir et de leur faire porter moisson, il n'en est pas un où, dans quelque anfractuosité mieux abritée, sur quelque globe moins sèche, ne lèvent quelques-unes des graines semées à foison, faisant comme une oasis de verdure et de fraîcheur au milieu du désert farouche et brûlé.

La condition sociale donne souvent aux hommes un éclat que par eux-mêmes ils n'auraient point. Mais il faut ajouter aussi que, d'ordinaire, plus le rang est élevé, et plus l'éducation a été complète. Si l'éducation, aidée de toutes les ressources que fournissent la richesse, les traditions de race, les exemples journaliers, et, pour ainsi dire, l'air ambiant, produit de tels effets sur des natures ingrates, rétives et dégénérées, quels résultats ne donnera-t-elle pas, appliquée avec les mêmes soins à des esprits ouverts, dociles et bien doués ?

« Nous avons tous connu de nobles lords dignes d'être cochers, gardes-chasse, marqueurs de billard, si l'échafaudage social ne les avait maintenus à flot ; nous avons tous connu des hommes appartenant aux classes inférieures de qui chacun disait : Que ne serait devenu cet homme, s'il avait reçu quelque éducation (1) ? »

L'éducation doit donc être à la portée de tous. C'est l'air moral que chacun a le droit de respirer largement. L'hygiène sociale n'a pas moins pour mission de prévenir l'asphyxie des esprits que celle des corps. Tout le monde est d'accord là-dessus, et il est permis de croire, à en juger par certains progrès, que le temps n'est pas très éloigné où le principe recevra une honnête et sérieuse application.

(1) W. Huxley.

CHAPITRE V

LA MÈRE

« Un ambassadeur de Perse demandait à la
femme de Léonidas pourquoi à Lacédémone
on honorait tant les femmes ? — « C'est qu'elles
« seules savent faire des hommes », répondit-
elle. »

Cette anecdote de l'antiquité, que Mme de
Lambert cite dans les conseils qu'elle adresse
à son fils, n'est que la formule héroïque d'une
loi naturelle et constante. M. E. Legouvé y
songeait sans doute en disant : « Partout où la
nationalité est puissante, le cœur des mères est
national. » En tout cas, tout le monde ferait
bien d'y songer en France.

Le fils appartient à la mère comme le fruit
appartient à l'arbre, et c'est à elle de l'amener

à ce point de développement où il pourra vivre par lui-même et faire souche à son tour.

Nul devoir plus doux à remplir; nuls soins reçus avec plus de tendresse et d'abandon. Quelle est la mère qui ne sent pas comme celle dont parle le poète?

> Et femme heureuse, et mère au regard triomphant,
> Elle sentait son cœur battre dans son enfant!

A vrai dire, ces deux êtres pendant longtemps ne font qu'un, surtout lorsque, par l'allaitement, la vie de la mère se prolonge et se transforme en celle du cher petit. Aussi quelle confiance, quel amour l'enfant n'a-t-il pas pour sa mère! Quel besoin de s'offrir, de se donner, de se suspendre à ses lèvres, de la regarder, de lui sourire, de se blottir et de se bercer dans ses bras, sur son cœur, comme dans le plus chaud et le plus doux des lits!

> Sa première tendresse et son premier baiser
> Montent, comme un encens, au front pur de sa mère (1)

« Lorsque je visitai le funèbre hospice des

____

(1) V. Nadal.

Enfants trouvés, dit Michelet, on me conta que ceux qu'on apporte un peu tard sont impossibles à consoler, pleurent toujours et sans fin, et meurent à force de pleurer. »

C'est que les pauvres petits avaient appris à connaître leurs mères et qu'ils ne les ont plus. Aussi, — c'est encore Michelet qui parle —« la vraie désolation existe pour l'enfant quand c'est sa providence, sa protection naturelle, sa mère elle-même qui l'accable. Les très petits, frappés par elle, se jettent à elle, se réfugient en elle, dans son giron et sous la main qui frappe. L'enfant, un peu plus grand, manifestement sent l'horreur d'une chose tellement contre nature. Il crie bien moins des coups que de cette chose monstrueuse. » On en a vu saisir le poignet de la mère, se dresser contre elle et s'écrier, en sanglotant : « Oh ! non, non, mère ! ne me bats pas ! C'est impossible. Non, non, pas ça !... »

Ce sentiment, exaspéré jusqu'à la révolte, est le même, dans son fonds, que celui qui fait qu'un enfant, tombant par accident près de sa mère, lui dit : — « Pardon ! » en se relevant et en lui déguisant son mal. « Oui, ajoute Balzac qui rapporte ce mot touchant, pardon de lui avoir causé une douleur.

C'est toujours l'amour, le respect tendre et confiant de la maternité, dans l'emportement de l'un comme dans l'aimable stoïcisme de l'autre.

J'ai entendu des mères déplorer amèrement d'avoir été privées, — quelquefois, il faut bien le dire, de s'être privées elle-mêmes, — de telles joies. Elles en restent comme inquiètes et troublées pour la vie. Une d'elles, la meilleure des mères, qui n'a eu pour mobile et pour but dans la vie que son amour pour son mari et sa tendresse pour son fils, disait un jour, non sans douleur : — « Mon fils, mais je ne le connais pas. A peine l'ai-je possédé quelque temps après qu'il fut sorti de nourrice. L'école, le collège, les péripéties de la vie l'ont toujours éloigné de moi, me l'ont pris, et, quand il revient de loin en loin, nous sommes presque des étrangers. » — Elle exagérait, je le sais. Elle connaît bien son fils et son fils la connaît bien. On n'est jamais étranger l'un à l'autre quand on s'aime ; et s'il n'y a pas de meilleure mère, il n'y a pas de fils plus reconnaissant et plus profondément attaché. Mais ces regrets, ces plaintes se comprennent, et je les enregistre ici dans l'espoir de les épargner à d'autres.

« Ne pas quitter son fils, lui donner dès le berceau ces leçons de tous les moments qui gravent en de jeunes âmes le goût du beau et du bon, le préserver de toute influence mauvaise, remplir à la fois les pénibles fonctions de la bonne et les douces obligations d'une mère, telles furent ses uniques plaisirs. »

Cette description que fait Balzac des occupations d'une jeune mère, est propre, il me semble, à satisfaire toutes les femmes et à donner à leur existence un idéal d'autant plus sain que toutes peuvent, dans les limites de leur nature et des circonstances, l'atteindre et le réaliser.

« J'ai lu, dit une dame italienne de grand sens et de grand cœur, mille descriptions de l'amour maternel ; aucune ne me paraît juste. Ni orateur, ni poète, ni sensible écrivain, personne au monde ne pourra jamais éprouver et décrire la vérité de ce doux sentiment, s'il n'est pas lui-même un père ou une mère. Si les fils en connaissaient, du moins en partie, l'intensité, tous les avertissements de respect envers les parents leur seraient superflus. Ils y seraient contraints par une force irrésistible (1). »

L'influence de la mère s'étend bien au-delà du premier âge, qu'on ne s'y trompe pas. Elle n'est pas seulement la bonne nourrice, la gardienne vigilante du berceau, le guide et le soutien des premiers pas, la bouche qui répond aux premiers bégaiements. Elle est la véritable éducatrice jusqu'à la deuxième année, et le père n'apparaît que comme un collaborateur puissant et parfois nécessaire, mais non point comme pouvoir dirigeant.

« C'est le gros de la charge qui pèse sur la mère, jusqu'au moment où l'enfant grandissant réclame une plus vigoureuse autorité », dit M. Paul Janet. Ce moment est marqué par l'âge auquel il est bon d'envoyer les enfants aux écoles publiques, et cet âge, nous le verrons, varie entre douze et quatorze ans.

Qu'on ne croie pas que ce « gros de la charge » soit pour l'amour d'une mère un fardeau bien

(1) Riola Mancini.

lourd. Certes, beaucoup trop d'entre elles y sont peu préparées, ont plus de bonne volonté que d'expérience; quelques-unes même, dans la tête desquelles on s'est appliqué à ne jamais laisser germer une idée sérieuse, ne peuvent s'imaginer qu'elles sont faites pour de telles fonctions, et, soit défiance d'elles-mêmes, soit incurable légèreté, s'en remettent à des mains étrangères. Il y a là toute la question de l'éducation féminine, dont il faudra reparler.

Pour aider les jeunes mères, Mme Necker de Saussure les engage à tenir un journal exact du développement physique et intellectuel de leurs enfants. Cela donnera de l'ensemble à leurs idées, de la fixité à leurs projets. L'obligation d'exprimer nettement les faits et les sentiments de la journée, les accoutumera à bien regarder autour d'elles, à s'observer elles-mêmes, et à s'expliquer d'une façon précise ce qu'elles voient et ce qu'elles éprouvent. — Le conseil est excellent. Les mères trouveraient, à le suivre, non seulement un profit solide, mais un vif et délicat plaisir.

Je lis dans un petit livre anglais sans nom d'auteur, intitulé *Les Devoirs des Mères*, et traduit en français par un homme dont le souvenir est resté cher aux nombreux jeunes gens qui furent ses élèves, M. L. Ayma, une anecdote qui est certainement réelle, et qui contient une leçon bonne à méditer.

« J'ai entendu corriger un enfant de cinq ans parce qu'il demandait : Qu'est-ce qu'un mensonge? et qu'est-ce qu'être charitable? Questions de la plus grande importance, et qu'il faut résoudre exactement. Le petit questionneur attendait la réponse avec la plus grande curiosité; mais, au lieu de l'instruire, sa mère, qui s'habillait peut-être pour sortir, lui répondit brutalement : « Mon enfant, quelles sottes » questions vous faites ! — Allez jouer — et ne » m'ennuyez plus avec des bêtises pareilles ! » — Le pauvre enfant, réprimandé, désappointé et honteux, croyant avoir mal fait, s'en va les larmes aux yeux, et le voilà obligé, pour s'instruire, quand il voudra désormais faire une question sensée, de s'adresser à un domestique, qui lui dira peut-être : « Un mensonge, » c'est une plaisanterie, etc.! »

Une mère qui tiendrait le journal de l'éducation de son enfant ne tomberait pas dans une fauto semblablo deux fois, si ello y tombait une.

« Co sont les bonnes mères qui font les mauvaises éducations, » dit quelque part Mme E. de Girardin. Le spirituel écrivain s'est amusé à donner à une idée juste la forme d'un paradoxe, et c'est une idée fausse qu'il a exprimée. Les mères qui font les mauvaises éducations sont les mères faibles, inconséquentes, égoïstes qui préfèrent encourager un défaut plutôt que d'entendre un cri ou de voir une larme. Ces mères-là, dont on dit souvent qu'elles sont trop bonnes, sont en réalité mauvaises, on ne saurait le leur déclarer trop nettement. Et je ne leur accorde, comme circonstances atténuantes, ni l'ignorance, ni l'excès de l'affection. « Rien de plus clairvoyant que l'affection, dit parfaitement M. E. Legouvé; on dissimule souvent les défauts de ceux qu'on aime, on les nie quelquefois, mais on les voit toujours... Il n'y a de mères faibles que celles qui font de la maternité un plaisir et non un devoir. Une mère qui élève ses enfants est plus courageuse pour eux et contre eux que le père lui-même. Quand un enfant doit subir quelque dure opération, qu'il faut que son sang coule, le père s'enfuit, la mère reste; et j'ai vu une mère, la plus tendre et la plus dévouée des mères, saisir son fils qui venait de mordre la main d'un enfant de son âge, et le mordre à son tour jusqu'à ce que le sang coulât. Quel père lui eût donné cette leçon héroïque? »

Un des plus hauts devoirs d'une mère est donc « de démêler dès le jeune âge les aptitudes, le caractère, la vocation de ses enfants, ce qu'aucun pédagogue ne saurait faire. Tous les enfants élevés par leurs mères ont de l'usage et du savoir-vivre, deux acquisitions qui suppléent à l'esprit naturel, tandis que l'esprit naturel ne supplée jamais à ce que les hommes apprennent de leurs mères (1). »

Si l'enfant est indisciplinable, « n'importe; tout homme porte en lui une qualité qui peut servir de gouvernail pour conduire tout le vaisseau; laissez agir la mère, elle saura bien la trouver (2). »

« Heureux le nid, s'écrie l'évêque Landriot

(1) Balzac.
(2) E. Legouvé.

dans son beau livre *La Femme forte,* où des ailes maternelles s'étendent pour réchauffer, ou bien voltigent aux alentours, afin de savoir s'il n'y a rien à craindre pour le bonheur des enfants! »

Plus tard, répétons-le, pour être partagée, l'influence de la mère ne sera pas moins féconde. Pour les filles, cette influence continuera à s'exercer tout entière, même lorsque la mère aura besoin de s'adjoindre des secours extérieurs.

« Dans une seule maison où il se fait d'excellents cours, je vois trois ou quatre cents dames, amenant leurs petites filles, travaillant pour elles, avec elles, changeant leurs habitudes, acceptant tout à fait la vie la moins mondaine, concentrées tout entières dans l'idée de l'enfant. « De quelle classe sont ces dames? » Surtout de la moyenne, femmes de magistrats, de professeurs et de négociants. Les très longues absences de l'homme, occupé tout le jour, sont ainsi saintement et admirablement remplies (1). »

Ceci rentre dans la question des voies et moyens. J'aurai à en dire quelques mots

____

(1) Michelet.

plus tard ; mais je m'excuse dès maintenant de ne pas la traiter à fond, car ce n'est pas un livre technique que j'écris.

M. E. Legouvé, dans sa si intéressante *Histoire des Femmes*, raconte qu'un jeune homme « n'avait pu apprendre le grec et le Code qu'avec l'aide de sa mère. Est-ce à dire que la mère avait plus de science que le professeur ? Non ; mais entre son fils et elle, l'instruction se donnait de cœur à cœur. »

Aussi a-t-il raison de conclure : « Si l'éducation maternelle prolongée jusqu'à douze ans n'a pas nourri l'enfant de leçons d'honneur et de dignité ; si elle n'a pas aguerri sa moralité incertaine contre les exemples funestes ; si elle n'a pas gravé ineffaçablement en lui l'horreur de la fausseté ; si même elle n'a pas fortifié peu à peu sa mollesse native, l'éducation publique le brisera ou le dépravera... »

Tel est le rôle de la mère. Il n'en est pas de plus sublime. Il n'en est pas non plus qui donne plus de bonheur. Les efforts de la mère lui sont payés avec usure, et elle sent bien qu'elle est en possession des plus pures et des plus hautes joies humaines.

« Qu'y a-t-il de plus beau et de plus con-
solant que de voir une femme vénérable, une
mère de famille entourée de l'estime, de la
confiance, de l'amour de ses enfants et de
son mari? Quand elle marche dans la maison avec une attitude pleine de grâce et de
dignité, on dirait que toute sa famille se lève
pour lui faire un cortège d'honneur et dire à
l'envi : Voilà notre gloire, la racine de notre vie
et de notre bonheur, le centre de notre amour,
centre bien aimé où tout les cœurs viennent se
fondre et resserrer leurs liens en se purifiant.
C'est l'ombrage tutélaire où nous venons nous
reposer et nous rafraîchir; et comme autrefois
dans la forêt on se donnait un rendez-vous près
du vieux chêne, c'est auprès du cœur toujours
jeune de l'époux et de la mère que la famille a
ses rendez-vous, où tout se calme, tout se puri-
fie, où les nuages de la vie disparaissent, où la
gaieté renaît avec l'amour pur. — Coupe délicieuse du cœur de la mère, vous êtes nécessaire pour procurer à tous l'ivresse du bonheur domestique (1), » et vous jouissez vous-
même de toutes les joies que vous répandez.

(1) Landriot.

CHAPITRE VI

LE PÈRE

« Le père est pour l'enfant une *révélation de justice.* »

Cette parole de Michelet exprime bien, dans sa concision frappante, la grandeur et l'austérité du rôle paternel. A l'origine des sociétés, la magistrature du père est la première de toutes. Ce caractère de magistrat, la civilisation, l'adoucissement des mœurs, la complexité et la multiciplité des rapports sociaux l'atténueront, le modifieront; mais ils ne l'effaceront pas.

Est-ce à dire que le père doive se sevrer des joies que donne un commerce familier avec l'enfant? Sera-t-il toujours monté sur son tribunal, et ne laissera-t-il voir que sa figure de juge? Et faut-il répéter ce que Charron disait déjà de son temps : « L'on ne sent pas quel mal et préjudice est advenu au monde, du ravallement et extinction de la puissance paternelle ? »

Son maître, Montaigne, est là pour lui répondre . « C'est folie et injustice de priver les enfants qui sont en aage de la familiarité des peres, et vouloir maintenir en leur endroict une morgue austere et desdaigneuse, esperant par là les tenir en crainte et obéissance; car c'est une farce tres inutile qui rend les peres ennuyeux aux enfants, et, qui pis est, ridicules. »

Voilà bien le sentiment moderne qui règle les rapports des pères avec les enfants. Montaigne parle comme un contemporain, et pourtant il faudra près de trois siècles et une révolution pour que la raideur et la glace paternelles se fondent devant le sourire et sous les caresses des petits. Pendant longtemps encore les enfants pourront dire ce que disait le père du grand Mirabeau en parlant de son père, à lui : « Je n'ai jamais touché la chair de cet homme vénérable. » Pendant longtemps ils seront encore, jusque dans l'âge mûr, soumis à ce pouvoir dont M. Paul Janet a dit que « la tyrannie paternelle est plus terrible encore que la tyrannie conjugale *, et dont une des plus illustres et des plus éprouvées victimes fut justement Mirabeau. Cette dictature, qui n'est légitime que lorsqu'elle est dirigée par la bienveillance et la justice, s'est perpétuée dans quelques familles jusqu'à nos jours. On connaît le type si vrai que Balzac a peint sous le nom de Grandet. Il ne serait pas impossible d'en trouver encore des exemplaires.

Dans une bourgade d'une de nos provinces de l'ouest vivait, il n'y a pas un grand nombre d'années, un médecin, grand vieillard, sec, dominateur, avare, la terreur de tous ceux qui l'approchaient. Le fils aîné, nature énergique et droite, s'arracha de la geôle paternelle, et finit, au prix de souffrances et d'efforts inouïs, par faire son trou dans le monde; il gagna une fortune par son travail, joua un rôle à la fois modeste et efficace dans le parti républicain sous Louis-Philippe et sous l'Empire, et mourut après avoir bien rempli sa vie d'un rude et honnête labeur. Mais il avait un frère, moins fortement trempé. Le jeune homme, encore presque un enfant, d'une tendresse et d'une sensibilité de femme, était malade, la poitrine attaquée; il avait dû renoncer à tout, rester à la maison, s'asseoir à la table commune, où le père disait souvent qu'il n'aimait pas les bouches inutiles. La mère, qui adorait ses enfants, mais qui tremblait devant son mari, mettait en cachette quelques morceaux de sucre dans la petite cruche d'eau destinée au malade. Dans cette maison, où le vin ne se servait que parcimonieusement, c'était la coutume que chacun eût ainsi devant soi son pot d'eau fraîche. Un jour, le père se trompa et prit de l'eau dans la cruche du fils. De l'eau sucrée ! A un propre à rien qui ne gagnait même pas le pain qu'il mangeait !... La scène fut terrible. Le fils quitta la salle en chancelant, monta à sa chambre, et se tua d'un coup de pistolet.

Cet exemple ne prouve cependant que l'abus. Ce serait mal raisonner que de partir de là pour condamner le principe. On fait valoir d'autres arguments contre la familiarité, la facilité d'abord, la camaraderie de la plupart des parents de notre époque vis à vis de leurs enfants.

« Nous vivons côte à côte, je dirai presque pêle-mêle avec nos enfants, ils nous voient à toute heure, dans tous les costumes, dans toutes les positions, même les plus ridicules. Ils nous voient colères, ils nous voient gourmands, ils nous voient menteurs, ils nous voient vaniteux, ils nous voient tels que nous sommes enfin. Rien de si perspicace que les enfants : ils sont donc bien vite dans le secret de nos travers, et ils en rient tout bas, quelquefois tout haut... Nous nous trouvons devant des cœurs sur lesquels nous n'avons plus aucune action, ni celle du prestige, la présence continuelle l'a usée ; ni celle de l'autorité, l'usage journalier et incessant l'a amoindrie ; ni celle de la persuasion ! pour être persuadé par quelqu'un il faut croire en lui, et nos enfants ne croient plus en nous. »

Tel est le réquisitoire que M. E. Legouvé met dans la bouche d'un partisan de l'ancien régime familial, partisan platonique, à ce qu'il semble, comme tous ceux que le poète latin caractérisait déjà du nom de *laudator temporis acti*. L'auteur de *Les Pères et les Enfants au* XIX° *siècle* a beau jeu pour répondre. Si nos enfants voient nos vices et nos travers, c'est que nous en avons. Notre devoir, envers eux comme envers nous-mêmes, n'est point de les leur cacher ; il est de nous en corriger, et de nous rendre vraiment dignes de leur servir d'exemples.

« Ne comprenez-vous pas tout ce qu'il y a d'énergiquement salutaire dans ce seul mot : *Nos enfants nous jugent !* Quel frein contre le mal ! Quelle excitation au bien !... Quand le père aura grandi dans le fécond apprentissage de ce rôle de père, quand, au lieu d'être sacré seulement par son titre, il le sera par ses vertus, quand il aura conquis, à force d'être connu, ce respect qu'il n'inspirait souvent qu'à force d'être ignoré, alors son autorité sera d'autant plus inébranlable que, se reposant sur la vérité et non plus sur la fiction, elle n'aura rien à craindre désormais ni du contrôle du temps, ni des tristes découvertes qu'il amène. »

Les pères constitutionnels de nos jours valent bien les pères aristocrates et despotes d'autrefois.

Les enfants n'y perdent rien, on vient de le voir. Quant au père, il y gagne la liberté de la tendresse, la délivrance du cœur, une félicité incomparable.

« Un père est bien misérable, dit Montaigne,

qui ne tient l'affection de ses enfants que par
le besoing qu'ils ont de son secours, si cela se
doibt nommer affection : il fault se rendre res-
pectable par sa vertu et par sa suffisance, et
aimable par sa bonté et doulceur de ses mœurs. »

Un homme qui a dans la littérature un renom
austère, Désiré Nisard, a mis son âme de père
dans cette phrase charmante :

« La famille seule cultive le cœur. Le père
qui a connu ce que c'est que d'aimer quelqu'un
plus que soi-même a senti tout son cœur, et
telle est la chaleur de l'amour paternel, que le
même homme en aime mieux tout ce qui est à
aimer. »

C'est que je ne sais pas si réellement la tendresse paternelle le cède à celle de la mère.
Cette opinion courante, admise partout sans
conteste, pourrait bien ne pas être une incontestable vérité. La mère n'est pas seule à ressentir cet amour profond, cet amour des entrailles, si je puis dire. On peut m'en croire, le père
aussi en est possédé. Je lisais quelque part
qu'il faut que le père apprenne à avoir quelque
chose de maternel, car il peut avoir à remplacer
la mère, et il faut qu'il soit prêt à cette doulou-

reuse éventualité. Je ne sais si cela s'apprend, mais je sais bien que cela se produit spontanément, et qu'il n'y a qu'à laisser faire la nature. Les parents forment à deux une unité, et chacun d'eux pris à part est double. La mère sait avoir, quand il le faut, toute la vigueur qui passe pour être le lot exclusif du père, de même que celui-ci peut, comme la mère, dépenser, autour des berceaux et sur les têtes blondes, des trésors de douceur et les soins les plus délicats. Il est des oiseaux qui se relaient pour couver leurs œufs, nourrir et réchauffer leurs petits. L'homme a le même instinct, et c'est un faux et funeste point d'honneur qui le lui fait trop souvent étouffer. Les pères qui n'ont pas été quelque peu nourrices ne connaissent pas la fleur la plus exquise de la paternité.

Et un peu plus tard, quand l'enfant est un petit être remuant, volontaire, agissant et intelligent, les pères sont bien absorbés par les soins du dehors ou bien indifférents, qui ne se mettent pas de moitié avec la mère dans cette œuvre charmante de l'éducation. « Instruisez votre fils, il vous consolera et deviendra les délices de votre âme. » Ainsi parle le livre des

Proverbes, et, depuis, la sagesse n'a pas changé.
— « Mais nous n'avons pas les temps. Les
affaires... » — Écoutez un des hommes qui ont
le plus travaillé dans les temps modernes, le
célèbre Anglo-Américain William Cobbett.

« Je voudrais que l'un de ces hommes qui
prétendent *n'avoir pas le temps* de rien apprendre à leurs enfants eût la bonté de s'asseoir devant moi, de prendre une plume et du papier,
et de faire le compte de toutes les minutes
qu'il gaspille inutilement sur les vingt-quatre
heures, en restant à table beaucoup plus que
cela n'est nécessaire, en allant au café, en li-
sant dans les journaux *tout ce qui ne vaut
pas la peine d'être lu*, en jasant inutilement
autour de la table à thé, en s'obstinant à veiller,
fatigué de l'existence, au lieu d'aller se coucher ; et en restant au lit le matin, longtemps
après que le soleil a paru sur l'horizon : si cet
homme ajoutait à toutes ces minutes perdues
celles qu'il passe à lire des romans ou à faire
toute autre lecture dont il ne peut tirer aucune
connaissance d'une *utilité* pratique, ou bien
toutes les minutes qu'il consacre à une toilette
trop recherchée, il serait véritablement effrayé

du résultat, il retirerait sur-le-champ ses enfants de l'école, et s'il n'était pas assez instruit
pour faire leur éducation, il s'adresserait à un
homme capable, et il la ferait continuer sous
ses propres yeux, en avisant aux meilleurs
moyens de leur assurer une bonne santé et de
bonnes mœurs. »

Ce n'est pas là l'éducation telle que la com-
prenait M. d'Epinay, et avec lui bon nombre de
gentilshommes, au siècle dernier, lorsqu'il
établissait ainsi le programme des études de
son fils : « Je veux qu'il emploie deux heures
par jour à l'étude du violon, et deux heures
à celle des jeux de société : il faut qu'il sache
plus tard défendre son argent. Arrangez le reste
comme vous l'entendrez. »

On voit que Cobbett n'aime pas l'école, et
lui préfère de beaucoup l'instruction donnée
ou surveillée par le père. C'est, en effet, l'idéal
malheureusement inaccessible à beaucoup. Je
mets de côté les mauvais pères, bien entendu,
ceux dont l'exemple serait une perpétuelle leçon
de vice pour leurs enfants, et qui ont encore
cet éclair d'honnêteté de comprendre que le seul
service qu'ils puissent leur rendre, c'est de les

éloigner d'eux. Mais combien, parmi les meilleurs, n'ont pas les connaissances nécessaires ! Combien ne sont pas assez riches pour avoir chez eux des maîtres, et seraient, d'ailleurs, incapables de contrôler la direction que ces maîtres donneraient à leurs enfants. L'école est un secours précieux, souvent indispensable aux efforts du père, quand elle ne les supplée pas entièrement, et ce n'est pas ici qu'on fera le procès à la plus utile peut-être de toutes nos institutions.

D'ailleurs un père, a dit M. E. Legouvé, « a deux défauts irrémédiables comme maître ; c'est un maître intermittent, et un maître amateur. » Irrémédiable est un bien gros mot. Il y a des infirmités dont on ne veut pas guérir, et c'est pour cela qu'on n'y trouve pas de remède. Mais enfin il est incontestable que les papas ne sont pas, d'ordinaire, des modèles d'exactitude et de méthode, et que c'est là une condition déplorable pour assumer la responsabilité de l'éducation d'un enfant.

Si quelque chose était capable de changer les pères à ce point de vue, ce serait bien le tableau que trace le même auteur de la dispersion de la famille au moment où elle commence à se former. Tous les pères en souffrent, je le veux croire ; mais bien peu cherchent à se soustraire au mal, ou du moins à l'éloigner. « A peine votre fils est-il sorti de l'enfance, que l'éducation publique le réclame et vous l'enlève ; vous l'envoyez à cent lieues de vous, si vous demeurez en province ; à l'extrémité de Paris, si vous habitez Paris ; puis, selon la distance, deux jours par mois, ou une fois par an, vous êtes père, votre fils vous revient, mais désaccoutumé de vous, formé par un autre, et ne cherchant bien souvent sous votre toit que le plaisir de l'oisiveté, de la liberté et du bien-être. »

Et maintenant voyez, dans ces beaux vers de Hugo, la famille intacte et compacte, dans l'intégrité de son bonheur :

Oh ! Que de soirs d'hiver radieux et charmants,
Passés à raisonner langue, histoire et grammaire,
Mes quatre enfants groupés sur mes genoux, leur mère
Tout près, quelques amis causant au coin du feu !

Mais cette question reviendra, et, puisque le mal est nécessaire, nous chercherons comment on peut le limiter et le faire servir aux intérêts du bien. Supposons ici que l'enfant reste dans la famille jusqu'à douze ou quatorze ans, c'est-à-dire tant qu'il a véritablement besoin des soins de la mère. « Un point très capital, c'est que le père maintienne, relève en toute occasion l'autorité maternelle que l'enfant n'est que trop porté à traiter légèrement. Il doit, par le tendre respect qu'il manifeste lui-même, bien faire sentir au fils que cette douce personne, faible pour lui et désarmée pour lui, la mère, n'en est pas moins le saint des saints (1). »

« Il y a dans l'exemple, dit Mme Swetchine, une puissance qui surpasse toutes les autres. Sans y songer, on redresse les autres en marchant droit. » La condition pour que les enfants respectent leur mère, c'est que le mari respecte sa femme.

« Rien de si utile pour élever un enfant que de bien définir son caractère, et rien de si difficile que de distinguer dans ces natures mobiles et ondoyantes les points fixes, les qualités fondamentales sur lesquelles on peut prendre appui (2). »

(1) Michelet.
(2) E. Legouvé.

S'étudier à les découvrir vaudra mieux que de mettre toujours en avant son autorité, et de vouloir, sans condescendre à persuader, tout briser devant soi. En admettant, et je l'admets dans de certaines limites, que le père ait le droit de correction sur ses enfants, ce principe de la correction paternelle, à moins de dégénérer en violences passionnées et coupables, « exige dans le correcteur une telle impassibilité, une telle équité, une telle modération, qu'aucun père aujourd'hui n'en juge personne capable excepté lui, et qu'il en est moins capable que personne, y étant plus intéressé que tout le monde » (1).

Non pas que je prétende que le père doive rester désarmé, et souffrir que son autorité, que sa dignité soit méconnue ou bravée. Mme Guizot nous apprend que Dupont de Nemours avait établi dans sa maison deux sortes d'injonctions, l'une qu'il appelait le *commandement paternel*, et l'autre le *commandement militaire* : le premier souffrait la discussion, mais l'autre devait être obéi sans réplique.

Les tout jeunes esprits ont besoin de dis-

(1) E. Legouvé.

cipline comme les autres, plus que les autres, peut-être ; il leur faut seulement une discipline appropriée. « Savoir obéir n'est pas une faiblesse, c'est une grande force (1). » Les enfants acquerront cette force, si on les habitue à l'obéissance dès le berceau, comme on a vu qu'il est facile. Il y a pourtant ici deux excès dont il faut se garder : l'enfant doit toujours être considéré comme un être libre, ayant son initiative et son indépendance. Ce sont là les plus nobles ressorts de l'homme, et les briser chez l'enfant équivaut à un meurtre moral. D'un autre côté, on doit être ménager de sa propre autorité, ne pas la tendre outre mesure, ne pas la faire intervenir incessamment et dans les choses futiles. « En cas de doute, dit M. P. Janet, il vaut mieux trop abandonner que trop imposer. »

En agissant ainsi, le père conservera aux yeux de ses enfants tout son prestige et il s'attachera sûrement leur cœur.

« Un vieux général de mes amis, dit M. E. Legouvé, m'a souvent raconté qu'au moment

____

(1) P. Janet.

de son départ pour l'armée à titre de volontaire, c'était en 1791, sa mère l'inonda de pleurs qui l'émurent profondément sans pourtant le troubler : mais il aperçut dans le coin de l'œil de son père, vieux et austère magistrat, une demi-larme aussitôt séchée, et tout son cœur se fondit d'attendrissement. Il eût donné tous les sanglots maternels pour cette imperceptible larme. »

Un jour que j'avais commis une faute, manqué la classe, je crois, et fait l'école buissonnière, mon père me corrigea manuellement et rudement. Je subis la correction comme une bête qu'on bat, ahuri, muet, farouche. Un instant après j'entrai dans la chambre où était mon père, et je le vis, assis à une table, deux grosses larmes coulant lentement de ses yeux. Tout se brisa en moi, et je me précipitai dehors, sanglotant et criant : Mon père pleure ! ô mon Dieu ! mon père pleure !.. Je n'oublierai jamais ce premier et violent désespoir.

Je sentais que j'avais fait une chose énorme, puisque j'avais fait pleurer mon père. Manquer la classe, je savais bien que c'était défendu ; mais courir sous les arbres me semblait infi-

niment meilleur, et si j'espérais pouvoir
me donner ce plaisir impunément, je n'hésitais
pas. Mais cette fois ma conscience s'ouvrit ; je
compris que c'était mal. Tant il est vrai que « le
père introduit dans l'âme de l'enfant les deux
idées les plus essentielles pour la conduite de
la vie, l'idée de la règle et l'idée du devoir. »

Dans nos temps bouleversés, où les opinions
les plus diverses luttent entre elles avec les
mêmes prétentions à la vérité et à la justice, où
les démolitions encombrent le sol sans qu'on
voie encore bien nettement les fondements de
l'édifice nouveau sortir de terre, on se demande
souvent dans quelles limites l'autorité paternelle doit s'exercer sur les enfants en ce qui
touche la politique et la religion. Mme Guizot
me semble avoir sagement résolu le problème
dans ce passage :

« Le devoir de tout homme envers ses semblables, et plus encore, s'il est possible, d'un
père envers son fils, est de diriger vers ce
qu'il regarde comme la vérité les opinions
sur lesquelles il peut avoir influence. Mais la
seule manière légitime d'exercer cette influen-

ce, c'est de rendre libre et sain l'esprit sur lequel on est en possession d'agir, de telle sorte qu'il reconnaisse la vérité toutes les fois qu'elle se présente. »

Si le père suit cette ligne de conduite, il aura fait tout ce qu'il pouvait faire pour le développement normal de l'esprit de son fils, et il n'aura pas fait peu. On répète avec raison que presque tous les grands hommes ont eu pour mère une femme d'une intelligence supérieure ou d'un cœur élevé ; mais ce qu'on dit moins souvent, et ce que je trouve dans Ch. Nodier avec un plaisir infini, parce que j'en sens vivement la justesse, c'est que, quel « que soit l'obscur berceau d'une enfance prédestinée à la gloire, il n'y a point de génie bienfaisant qui ne doive beaucoup à son père ».

CHAPITRE VII

LES GRANDS-PARENTS

Balzac a écrit dans *Ursule Mirouet* :

« Lorsque les vieillards aiment les enfants, ils ne mettent pas de bornes à leurs passions, ils les adorent. Pour ces petits êtres, ils font taire leurs manies, et pour eux se souviennent de tout leur passé. Leur expérience, leur indulgence, leur patience, toutes les acquisitions de la vie, ce trésor si péniblement amassé, ils le livrent à cette jeune vie par laquelle ils se rajeunissent, et suppléent alors à la maternité par l'intelligence. Leur sagesse, toujours éveillée, vaut l'intuition de la mère; ils se rappellent les délicatesses qui chez elles sont de la divination, et ils les portent dans l'exercice d'une compassion dont la force se développe sans doute en raison de cette immense faiblesse. La lenteur de leurs mouvements remplace la douceur maternelle. Enfin, chez eux comme chez les enfants, la vie est réduite au simple ; et, si le sentiment rend la mère esclave, le détachement de toute passion et l'absence de tout intérêt permettent au vieillard de se donner en entier. »

Je ne veux pas copier ici toutes ces adorables poésies que V. Hugo a intitulées : *L'Art d'être Grand-Père*. Mais n'y donne-t-il pas raison à Balzac d'un bout à l'autre, quand il dit, par exemple :

> ...Ah! Les fils de nos fils nous enchantent.
> . . . .
> Ils sont dans nos logis lugubres le retour
> Des roses, du printemps, de la vie et du jour.

Ou encore :

> Et l'attendrissement des vieillards, c'est de voir
> Que le matin veut bien se mêler à leur soir.

Il y a des mères qui, lorsqu'elles ont donné à leur enfant tout ce qu'il a demandé, s'étonnent de voir qu'il n'est pas satisfait, qu'il vou-

drait demander quelque chose encore, et qu'il
se met en colère parce qu'il ne sait pas quoi.
Elles s'impatientent, et lui disent, en le plan-
tant là : — « Tu ne sais même pas ce que tu
veux. Veux-tu la lune? »

La lune! Pourquoi pas? vous dis-je. Eh bien, après?
Pardieu ! si je l'avais, je la leur donnerais.

Je le crois sans peine. Malheureusement on
ne peut guère la leur donner autrement que
dans un seau d'eau.

Dans la pratique, ce désir, que les grands-
parents qui ne sont pas grands poètes n'osent
pas avouer avec ce naïf et charmant cynisme,
se traduit d'ordinaire par une complaisance
outrée pour tous les caprices de l'enfant, par
une sorte de complicité dans ses infractions et
légers méfaits, et surtout par une provoca-
tion audacieuse, avouée et persistante, à ce pé-
ché mignon qui s'appelle la gourmandise. Ce que
les grands-parents feraient avaler de gâteaux, de
bonbons, de sirops, de vin sucré, de douceurs
et de chatteries de toutes sortes à monsieur ou
à mademoiselle Bébé, est inimaginable. Le
papa et la maman ont pourtant pris leurs pré-

cautions longtemps à l'avance. Ils ont tracé l'effrayant tableau des résultats d'une alimentation excessive ou échauffante ; ils ont mis en avant les prescriptions du médecin, cité de terribles exemples de convulsions, d'inflammations d'entrailles et d'irréparables deuils : les grands-parents écoutent, frémissent, promettent, disent : C'est votre enfant ; il faut l'élever comme vous voulez. Certes, nous ne ferions rien..... etc. Mais le gamin n'est pas plus tôt seul avec eux qu'il doit avoir faim, qu'il doit avoir soif, et qu'on lui offre un biscuit, une praline, — c'est si peu de chose ! — une fraise, — ce n'est rien ! — jusqu'à ce que l'enfant, dont l'estomac, en somme, a une sorte de sagesse instinctive, finisse par gâcher ce qu'on lui donne ; et les grands-parents ne sont pas contents, parce qu'ils n'aiment pas à voir perdre ! Bébé adore la crème ; il s'en barbouille la figure, et rit au travers. Comment voulez-vous que les grands-parents résistent à cela ? Sans doute le père fronce les sourcils et prédit la colique, qui est, — ils le savent depuis longues années, — chose à redouter pour les petits enfants. Mais, après tout, le père, c'est leur fils ;

ce n'est pas à lui de leur en remontrer. Ils ont plus d'expérience, et les nouvelles méthodes ne valent pas mieux que les anciennes. N'ont-ils pas fait de lui un gaillard solide, et capable d'être père de famille à son tour? Ils ne feront pas plus de mal à leur petit-fils qu'ils ne lui en ont fait, à lui. car ils l'aiment autant.

Eh! oui, mais pas de la même manière.

Il y a quelques mois à peine, les fêtes de Pâques réunissaient chez les grands-parents une famille composée des deux aïeuls, du père, de la mère et d'une petite fille d'environ trois ans. Élevée à Paris suivant un régime raisonné, la petite fille, un peu effarouchée d'ailleurs, à cause du changement de milieu, était bien sage à table. Il fallut plusieurs jours pour que les tentations réitérées rompissent l'équilibre qu'elle était habituée à conserver entre ses désirs et ses besoins. Vers la fin, cependant, la veille ou l'avant-veille du départ, elle se montra capricieuse, difficile, désobéissante à la mère. Le père fit les gros yeux, et dit un mot d'une grosse voix. Mais une voix plus grave et plus irritée, la voix qui avait morigéné son enfance, couvrit aussitôt la sienne : — « Ne vas-tu pas la gronder, maintenant, toi ! » criait le grand-père, et, se tournant vers la petite indisciplinée, il lui souriait et lui envoyait des baisers du bout de ses chers vieux doigts. Ah ! bon grand-père, comme ton fils t'aurait sauté au cou ! Mais la jeune demoiselle était là, observant la scène et l'interprétant en son petit cerveau subtil, et le père, ému jusqu'aux larmes, se contint.

Dans le livre où M. E. Legouvé raconte avec tant de charmes soixante ans de souvenirs d'une vie passée dans le commerce du beau, la pratique du bien et le culte de la famille, je note ce passage :

« On n'a pas assez remarqué peut-être le caractère particulier de l'éducation des enfants faite par leurs aïeuls. Tant que les parents vivent, la grand'mère n'a guère souci que d'être trop bonne. Elle soutient volontiers les enfants contre les parents. Victor Hugo nous a donné la poésie de ce rôle dans *L'Art d'être Grand-Père*. Mais quand la mort du père et de la mère remet tout à coup l'enfant dans les mains de l'aïeule, et lui donne charge d'âme, oh ! alors, cette petite poésie un peu factice s'en va ;

reste la prose, c'est-à-dire la responsabilité, l'idée sévère du devoir. Ce devoir est plus difficile à remplir pour la grand'mère que pour la mère. Elle ne se sent que remplaçante. La distance d'âge entre elle et l'enfant, lui rend plus malaisé l'emploi de l'autorité. »

Le délicat écrivain nous raconte là son expérience. Il fut élevé par sa grand'mère, et, à en juger par les résultats, nulle mère n'aurait pu faire mieux.

CHAPITRE VIII

BÉBÉ TRAVAILLE

Un érudit, un helléniste de premier ordre, qui n'a pas trouvé que c'était perdre son temps que d'étudier l'enfance avec autant de patience qu'un vieux texte, M. Egger, a confirmé de son autorité de savant cette grande vérité: « L'âge où l'enfant n'a pas encore de maître à proprement dire est peut-être celui où il apprend le plus et le plus vite. »

G. Droz exprime la même idée en artiste et en homme d'esprit:

« L'homme fait est un roi à la tête d'un empire florissant. — Le Bébé est l'aventurier héroïque qui a fondé cet empire, qui a traversé la mer, a planté sa tente au milieu du désert, a lutté contre tous les dangers, a fait de rien quelque chose, et pied à pied a conquis son royaume. »

Et ailleurs :

« L'enfant qui vient au monde ressemble pas mal à un habitant de la lune tombant subi-tement dans un monde nouveau. Il n'entend qu'un tumulte étrange, il ne voit que chaos, con-fusion ; tout l'éblouit, tout l'étonne, il voit tout et ne voit rien, il entend tout sans rien com-prendre. C'est un monstrueux écheveau de fil que chacun de ses sens doit débrouiller. Un homme comme vous et moi reculerait d'épouvante. — L'enfant ne recule pas et en vient à bout. »

Dès que les objets commencent à apparaître distincts à ses yeux initiés à la lumière, Bébé observe, se rappelle, imite. Il sait que telle bouteille contient un sirop qu'il aime, et telle autre une drogue amère ou écœurante qu'il n'avale que parce que maman le veut. Il con-naît sa tasse, sa cuillère, tous les petits objets qui servent à sa toilette ou à ses repas. Ses mains l'intriguent beaucoup. Il comprend qu'il a là un instrument précieux, et il fait de longues études pour apprendre à s'en servir. Tous les doigts y passent ; il les examine, les tourne, les ouvre, les ferme, les manœuvre, jusqu'à ce qu'enfin, fatigué de poursuivre un problème si ardu, Bébé, philosophe, utilise son pouce en le fourrant dans sa bouche et s'endorme en le suçant. C'est alors que le jeu célèbre de « Voilà comme elles font, les petites marionnettes », commence à être apprécié à sa valeur. Il est bien certain que ce jeu a été inventé à l'origine par Bébé, et que la mère n'a fourni que les paroles.

« Un enfant à six mois, dit fort justement Mme Necker, à demi couché dans son berceau, et jouant avec ses petites mains, est dans la situation la plus heureuse ; il en est de même à neuf ou dix mois, lorsque assis sur un épais tapis, il s'amuse à disposer divers objets qu'il cherche à rattraper ensuite. »

J.-J. Rousseau, que je cite rarement parce que tout le monde l'a lu et qu'il est cité partout, raconte comment il a appris au petit Émile à ne pas crier. S'il crie, je le laisse seul et ne fais aucune attention à lui ; dès qu'il ne crie plus, j'accours. La méthode est bonne, toute paradoxale qu'elle paraisse, à condition, bien entendu, qu'on l'applique à propos et avec des ménagements. Elle montre en tout cas com-

bien ces petits êtres sont dès l'abord éducables,
et comme ils comprennent aisément le raisonnement de cause à effet. C'est ce qui a fait
dire à Michelet qu'aux maladies, « l'enfant peut
apprendre déjà la patience, la résignation,
accepter les effets, même pénibles, des lois générales. »

Tant qu'on s'occupe de leurs pleurs, dit
encore Rousseau, c'est une raison pour eux
de les continuer ; mais ils s'en corrigent bientôt quand ils voient qu'on n'y prend pas garde ;
car grands et petits, nul n'aime à prendre une
peine inutile... La même cause qui les rend
criards à trois ans, les rend mutins à douze,
querelleurs à vingt, impérieux à trente, et
insupportables toute la vie. »

« L'intelligence des enfants est une véritable éponge qui a toujours soif (1). » Et il est
bien heureux qu'il en soit ainsi, car si l'éponge
venait à se saturer, jamais Bébé ne saurait ce
qu'il lui faut apprendre avant de commencer
ses études.

Il n'est pas seulement observateur et intel-

_____

(1) G. Droz.

ligent. Il est actif, créateur. « *Créer*, produire !
quel bonheur pour l'enfant ! Si c'est du bonheur, c'est aussi sa mission. *Créer*, c'est l'éducation (1). »

L'éducation, l'enfant, sans doute, la reçoit,
mais comme, en grande partie, il se la fait
aussi, surtout dans le premier âge ! Que seraient
les exemples, les conseils, les leçons, sans cette
volonté tendue vers l'action, cette ardeur de
pouvoir et de savoir, cette ambition de faire,
si fortement marquée chez tous les enfants?
— « Faire comme père !... Tout seul ! tout
seul !... » tels étaient, m'a souvent répété mon
père, non sans une fierté secrète et touchante,
mes deux cris de bébé. Avec des variantes,
c'est ce que disent tous les petits.

« Émile, — c'est le petit garçon qu'a observé
M. Egger, — à quatorze mois, prend une
cuiller trempée dans des confitures; il commence par en mettre le manche dans sa bouche, puis le milieu de la tige, puis enfin le
creux rempli de confitures, et il s'arrête à ce
dernier mouvement qui satisfait son appétit. »

(1) Michelet.

Qu'il passe maintenant de la confiture à la soupe. Que d'essais il lui faudra faire avant d'arriver à tenir la cuillère d'aplomb, à ne pas la pencher, à la porter jusqu'à sa bouche sans tout renverser en chemin! Enfin il y est. Il ouvre son petit bec avec confiance, pousse encore un peu, croit avaler; mais le bout de la cuillère a touché la lèvre, et tout se répand sur son menton. Eh bien, Bébé ne se déconcerte, ni ne se décourage. Il recommence, et vous verrez bien qu'il réussira.

Ne faut-il pas aussi un apprentissage pour piquer les bouchées que maman lui a coupées dans son assiette? Bébé n'y arrive pas; mais il veut se servir de sa fourchette, comme un homme, et, prenant une bouchée de ses petits doigts, il la fixe solidement aux dents de l'instrument, qu'on ne lui enlèverait pas sans lui faire un gros chagrin.

Quand il en est là, Bébé sait déjà parler, je veux dire qu'il prononce quelques mots comme nous; car il y a longtemps que Bébé comprend ce que nous disons, qu'il aime à recevoir des commandements et à les exécuter à la lettre, qu'il s'est fabriqué une langue à son usage et qu'il a donné des noms à tout ce qui l'intéresse et à tout ce qu'il connaît. C'est par là qu'il a commencé. Ce que nous appelons cheval il l'appelait *dada*, son biberon c'était son *boum boum*, etc. Apprendre notre langage, c'est désapprendre le sien, comme le fait remarquer M. Egger.

Je connais une petite fille de deux ans et demi qui est fort bavarde, et qui semble, non seulement n'avoir pas désappris, mais avoir perfectionné ce langage personnel de bébé en même temps qu'elle apprenait la langue de tout le monde. Il lui arrive d'articuler, avec les intonations d'une vraie phrase, d'assez longues séries de sons qui ne présentent aucun sens et de conclure drôlement par un : — « C'est ça que tu ne comprends pas, papa ? » — Elle joue, assurément, et n'attache elle-même aucune signification aux mots qu'elle invente. Mais n'est-ce pas comme un reste, comme une réminiscence inconsciente de cette époque peu éloignée où, petit créateur créé d'hier, elle imposait des noms de son choix aux objets dont son cerveau gardait l'image ?

« Si l'on appelle imagination, dit E. Legouvé,

la faculté d'animer tout ce qui nous environne,
de créer autour de nous un monde de fictions
dont nous sommes charmés sans en être dupes ;
de métamorphoser la réalité d'un coup de baguette et de rendre beau ce qui est laid, sensible ce qui est inerte, éloquent ce qui est muet,
vivant ce qui est mort, si, dis-je, on donne à
cette singulière puissance créatrice le nom
d'imagination, on peut dire qu'un enfant de
cinq ans a plus d'imagination que les plus
grands poètes. »

Mme Necker rapporte un exemple de cette
faculté si frappante chez l'enfant. « Une femme
reçoit une lettre et en lit quelques morceaux à
ceux qui l'entourent, sans songer qu'elle est
entendue de son enfant. Bientôt celui-ci s'empare du premier papier qu'il peut trouver, le
porte à la hauteur de son visage, et prononce
au hasard tous les mots dont il se souvient, en
les liant par un bruit semblable à celui de la
parole. Si les témoins de cette scène se prennent
à rire, l'enfant n'interrompt pas sa lecture. Un
coup d'œil jeté à la dérobée sur sa mère, décèle
en lui un mélange comique de la gravité qu'il
veut conserver comme acteur, et de la gaieté

qu'il partage. Bientôt, animé par le succès, il charge de plus en plus son rôle, et à la fin il n'y a en lui qu'un petit bouffon qui veut divertir. Cependant il n'avait point commencé par plaisanter, et il croyait de bonne foi se livrer à une occupation sérieuse. »

Le croyait-il au sens exact du mot ? J'en doute fort. Bébé n'est point sa propre dupe. Il l'imaginait, à la manière des poètes, et vivait en plein idéal. C'était vrai pour lui seul, et il y croyait dans ce sens ; mais il savait bien que pour ces êtres prosaïques qui sont les grandes personnes, il ne faisait rien de sérieux.

C'est ainsi que Bébé lit le journal, dessine, écrit une lettre, la porte à la poste, va chercher du vin à la cave et nous le fait goûter, fait la cuisine et vous l'apporte en disant : « Il est bien bon ce jus de viande-là ! », achète des fruits et de la « crème au fromage », métamorphose un chiffon en poupée, une baguette en cheval, et un petit bout de bois en gros canon.

Au retour d'un voyage, la petite fille dont je parlais tout à l'heure, se construisit un chemin de fer. C'était une caisse carrée, recouverte de toile vernie, qu'elle avait trouvée dans sa chambre de jeu. Bien que cette caisse fût assez lourde, elle la faisait glisser d'un bout à l'autre de la chambre en criant : En voiture ! en voiture !Puis elle venait vous dire : — « Mets-moi sur le chemin de fer, » — et il fallait l'asseoir sur la boîte, qui l'emportait où il plaisait à son imagination d'aller.

Ce sont là des illusions volontaires qu'il faut respecter. L'enfant y trouve un vrai bonheur, et ses facultés intellectuelles s'y exercent avec profit. Ne l'aidons pas, d'ailleurs, sans qu'il recherche notre aide ; n'entrons dans ses petites combinaisons que dans la mesure où il nous y invite. Notre intervention spontanée serait presque toujours maladroite et ruinerait tout. « Tant que son regard plein d'intelligence, prouve que son esprit est occupé, ne rompons jamais le cours de ses idées. Gardons-nous de troubler son activité intérieure : elle est plus réelle et plus salutaire que celle qui lui vient de nous (1). »

Un charmant humouriste a dit : « Le bébé naît acteur, artiste, poète. Ce n'est que par

(1) Mme Necker de Saussure.

dégénérescence qu'il devient colonel, juge d'instruction ou notaire (1). »

Bébé deviendra ce qu'il pourra. Qu'il reste heureux, c'est mon souhait. En attendant, ne lui gâtons pas son temps de poésie féconde, où il naît au monde et où le monde se crée dans son cerveau.

« A six ans comme à trente, la journée est trop longue pour le fainéant, » dit M. Guizot. Les fainéants de six ans sont rares, à moins qu'on ne les recrute parmi ces pauvres êtres mis à l'alphabet à trois ans, aux fables forcées à quatre et à l'école à cinq.

Qu'il y a plus de sympathie et de véritable intelligence de la première enfance chez la femme de cet homme d'Etat historien lorsqu'elle dit : « Un enfant croit tout également parce que son ignorance lui fait paraître tout également extraordinaire, et que son jugement n'est pas assez fort pour lui faire sentir qu'il y ait rien d'impossible. »

On comprend dès lors combien il est facile de mettre des notions dans ces petites têtes, et

____

(1) G. Droz.

6

quelle prudence il faut avoir pour n'en mettre que de justes et d'utiles. Michelet, dans son volume intitulé *Nos Fils*, donne à ce sujet des suggestions qui valent qu'on les médite et qui seront comme la conclusion naturelle de ce chapitre.

« Ton père *travaille*. Si tu travaillais, mon petit ? Il ne demande pas mieux... Sa mère lui donne ainsi une idée haute : le *mérite du labeur*.

» Mais pour qui travaille le père ? Pour lui seul ? Nullement. Pour sa femme et pour son petit. Il leur gagne le pain, et le lait, et les fruits, etc.

» Qu'il est bon ! Mais comment fait-il pour leur donner cela ? Il se donne moins à lui-même. Il pouvait manger tout, et il aime mieux ne pas le faire.

» Voilà l'idée *du sacrifice*. L'enfant le plus léger l'entend parfaitement. Et je n'en ai guère vu qui n'en parût touché. »

CHAPITRE IX

ARRÊT DANS L'HORRIBLE

Les enfants meurent. Les tout petits enfants, ceux qui ont encore aux lèvres le lait maternel, ceux qui trébuchent en se tenant aux meubles, ceux qui ont souri hier, ceux qui balbutient leurs premiers mots. Ils meurent en grand nombre, de cent maladies, des accidents les plus imprévus. La mortalité des nourrissons est chose reconnue, acceptée, qui a son chapitre à part dans la statistique. Il paraît que c'est ainsi depuis toujours, et que tout ce qu'on pourrait faire, — quand le fera-t-on ? — ce serait de diminuer assez notablement le tant pour cent de ces décès.

J'ai là, sous les yeux, des réflexions suggérées par ce fait à deux philosophes et à un poète. Je vais les transcrire, en commençant par celles du plus ancien, Montaigne, philosophe sceptique, égoïste aimable, et homme de bon sens. Il a, comme toujours, une histoire à raconter :

« Q. Maximus, dit-il, enterra son fils consulaire, M. Cato le sien prêteur désigné, et L. Paulus les siens deux en peu de jours, d'un visage rassis, et ne portant nul tesmoignage de deuil. Je disois, en mes jours, de quelqu'un en gaussant, qu'il avait choué la divine justice ; car la mort violente de trois grands enfants luy ayant esté envoyée en un jour pour un aspre coup de verge, comme il est à croire, peu s'en fallut qu'il ne la prinst à faveur et gratification singulière du ciel. Je n'envuye pas ces humeurs monstrueuses ; mais j'en ai perdu en nourrice deux ou trois, sinon sans regret, au moins sans fascherie ; si n'est-il guères d'accident qui touche plus au vif les hommes. »

Le fin penseur, celui qui a posé le premier les grandes règles de l'éducation moderne, le précurseur de J. J. Rousseau, lequel, — on peut le dire sans crainte de s'aventurer, — n'aurait pas, sans les *Essais*, écrit l'*Émile*, ne sait même pas au juste le nombre de ceux qu'il a perdus, — deux ou trois; — comment se rappeler? Ils étaient en nourrice... Montaigne ne comprend les enfants que quand ceux-ci commencent à le comprendre. Avant cet âge, il professe pour eux les sentiments du célibataire Sainte-Beuve qui à la question : « Aimez-vous les enfants? » répondait : — « Beaucoup, madame, à huit heures. » — «A huit heures! et pourquoi à cette heure-là plutôt qu'aux autres? » — « C'est, madame, que c'est l'heure où on les emmène coucher. » — Rousseau, plus tendre, pour ne point perdre les siens, en fit des enfants trouvés.

Le second est un philosophe éclectique que j'ai déjà cité, M. Paul Janet. Il met la chose en plusieurs tableaux :

« Voilà une jeune mère joyeuse, étincelante de luxe et de beauté; le monde l'attire, le succès l'aveugle; qui ne sait le péril de ces adulations fascinatrices? elle est frappée! Voilà un père tout entier aux froids calculs ou aux fiévreuses combinaisons de l'ambition ou de l'amour du lucre; il abandonne la femme, les enfants, le foyer domestique; il est frappé! Voilà un ménage qui, avec une parcimonie sor-

6.

dide et sous prétexte de ménager l'avenir d'un unique enfant, lui refuse les choses les plus nécessaires ou les plaisirs les plus innocents : il est frappé !... Mais ces coups, dit-on, frappent les innocents comme les coupables. Je réponds : Il n'y a point d'innocents. »

Et moi, je reprends : — Pourquoi tous, alors, ne sont-ils pas frappés? Est-ce que la main qui frappe ne serait pas celle qui tient la balance, ou mettrait-elle en cette balance des poids faux ?— Mais laissons des questions si graves, et écoutons le poète qui a noté les cris d'un cœur de mère.

> .... Ta mère assise sur ta fosse,
> Dit : « Le parfum des fleurs est faux, l'aurore est fausse,
> L'oiseau qui chante au bois ment, et le cygne ment,
> L'étoile n'est pas vraie au fond du firmament,
> Le ciel n'est pas le ciel et là-haut rien ne brille,
> Puisque, lorsque je crie à ma fille : « Ma fille,
> » Je suis-là. Lève-toi ! » Quelqu'un le lui défend ;
> Et que je ne puis pas réveiller mon enfant ! »

Non, mère, tu ne peux pas. Ton enfant dort de l'implacable sommeil. Elle est morte. Ton enfant, la fleur de ta vie, fauchée avant son épanouissement, arrachée de tes bras, rigide, insensible et muette, enfermée dans un petit cercueil, le berceau des enfants morts, et descendue sous terre, en un trou, pour que tu ne la voies plus, que tu ne lui parles plus, que tu ne baises plus son sourire, que tu ne boives plus ses larmes, — pour que tu n'aies plus d'enfant !

Blessure inguérissable. Le temps passe. La vie s'écoule comme devant. Le monde semble avoir repris possession de cette mère, qui n'est plus vêtue de deuil, qui va, vient, rit, chante, joue du piano, veille à son ménage, fait des visites, et ne parle jamais du petit être parti. Et l'on dit : Elle a eu bien des chagrins. Mais elle a repris le dessus. La voilà redevenue heureuse comme autrefois. — Non, non, ne croyez pas cela. C'est un fruit piqué au cœur. Soulevez, si vous en avez le droit et le courage, ce masque souriant de forfanterie mondaine, voyez ce qui se cache dessous de regrets inconsolables, de douleurs nourries en secret, de larmes refoulées qu'un mot suffit pour faire éclater comme un orage.

On connaît cette histoire poétique et touchante d'une jeune femme qui avait perdu son premier né. Elle se sentit mère de nouveau ; en même temps un flot de haine l'envahissait pour cet intrus, pour cet être qu'elle n'avait pas souhaité, et qui venait prendre la place sacrée du mort. L'enfant naît ; c'est un fils. On l'apporte à l'accouchée frissonnante, farouche, refusant cette maternité nouvelle qui lui semble un outrage à la première. Mais lorsqu'on approche d'elle la petite tête du nouveau-né, elle entend comme un souffle, une voix qui lui dit : Ne pleure plus, petite mère ; c'est moi qui reviens.

En effet, tous les enfants sont le même, l'être créé par l'amour des époux, notre sang et notre chair, la flamme de notre vie allumant un autre flambeau. Mais le second enfant ne fait pas oublier le premier perdu. De nouveaux devoirs s'imposent, un nouvel et aussi puissant amour monte dans le cœur, et la plaie peut paraître cicatrisée. Mais elle reste douloureuse. Encore une fois, elle ne guérit pas.

Je ne parle pas seulement pour la mère. Le père n'est pas moins atteint. Les nécessités de l'existence, la lutte de chaque jour dans la mêlée sociale, les distractions impérieuses qui le sollicitent de toute part, l'empêchent, sans doute, de s'isoler autant que la mère dans sa douleur, et l'aident à la supporter. Mais elle ne s'efface pas. Si on le voyait, le père, le matin, seul, les deux coudes sur la table, se serrant les tempes à pleines mains, ou marchant à pas précipités dans quelque rue déserte, on le surprendrait souvent les yeux rougis de grosses larmes lentes, lourdes et brûlantes comme du plomb fondu ; on l'entendrait prononcer des mots sans suite, cris de pitié, plaintes, questions sans réponse, exclamations de révolte ou de résignation.

Un jeune et brillant militaire est nommé lieutenant. On félicite son heureux père. « Ah ! répond-il en soupirant, son frère, s'il avait vécu, serait déjà capitaine. » Toujours et partout l'obsession de l'absent.

Ah ! c'est pour les parents qui portent un tel deuil en eux que ce vers est écrit :

La moitié de nos jours se passe à pleurer l'autre.

Doux bébés, qui nous aimez et que nous aimons, vous emportez avec vous le meilleur de nous-mêmes. Vous ne le savez pas et vous n'y pouvez rien. A qui donc s'adresser? La nature reste muette et l'infini semble sourd.

Du moins s'il est, dans une si monstrueuse horreur, quelqu'un de responsable, que ce ne soit pas nous. Des soins éclairés peuvent, dans quinze cas sur vingt, — ce sont les médecins qui le disent, — empêcher les enfants de mourir. Espérons donc et luttons.

CHAPITRE X

LES PREMIÈRES ÉTUDES

Bébé mange et boit tout seul ; Bébé marche ; Bébé parle et raisonne avec force *pourquoi* et *parce que* inquiétants ; Bébé se lave, s'habille, se brosse, et sait même attacher les cordons de ses souliers. Il a cinq ou six ans, et il est certainement très instruit. Son éducation morale n'est pas moins avancée : il aime son père, sa mère, ses autres parents, ses camarades, ses jouets, et il se rend compte que ce n'est pas du même amour ni pour les mêmes motifs ; il sait qu'il ne faut pas mentir, ni être sale, ni être gourmand, et qu'un enfant qui écoute ses parents et leur obéit s'en trouve bien et mérite le beau nom d'enfant sage. Eh bien ! tout cela ne suffit pas, car il en faut savoir davantage pour devenir un homme, et Bébé veut devenir un homme, n'est-ce pas?

Bébé ne se fait pas tirer l'oreille pour dire oui ; mais comme il est d'une logique très serrée et qu'il n'accepte une idée que lorsqu'il en a bien éclairé les coins, il ajoute : — «Mais, petite sœur, elle n'a pas besoin de devenir un homme, elle ? » — « Non, sans doute ; petite sœur deviendra une maman, comme moi ; et les mamans, ça sait bien des choses que vous ne savez pas, mes enfants... » — « Des mamans, ça sait tout, » déclare Bébé, s'il est en train de dire tout ce qu'il pense.

Quoi qu'il en soit, le moment est venu de commencer l'instruction de Bébé, fille ou garçon.

Rudis mens pueri tabella rasa.

Le jeune esprit est comme ung tableau nud,

a dit le vieux P. Saliat. Cette figure est une exagération poétique, une hyperbole, ainsi que disent les rhétoriciens. Le tableau est déjà chargé de bon nombre de choses, comme nous l'avons constaté ; et quand on songe à la masse de celles qu'il y faudra mettre encore, on se demande comment tout tiendra. N'ayons peur ; tout tiendra, si c'est bien mis, peu à peu et au temps voulu.

« C'est seulement lorsque la connaissance qu'il a des choses de la maison, de la rue et des champs est à peu près complète, c'est seulement alors qu'on doit mettre l'enfant en présence des nouvelles sources de notions que les livres fournissent : et ceci, non seulement parce que toute connaissance directe est d'une valeur bien supérieure à une connaissance indirecte, mais aussi parce que les mots que contiennent les livres ne peuvent éveiller des idées exactes dans l'esprit de l'enfant qu'autant qu'il a l'expérience préalable des choses que ces mots expriment. »

Sans arriver à la rigueur de cette loi formulée par Herbert Spencer, M. E. Legouvé a une vue analogue lorsqu'il compare la mémoire de l'enfant à une plaque photographique où tout s'imprime et où tout s'efface, et qu'il conseille de mettre cette mémoire sous la garde de l'imagination. S'il n'a pas vu l'objet ou l'action que le mot indique, l'enfant oubliera ce mot presque

aussitôt qu'il l'aura appris. Ce n'est que lentement qu'il s'habitue à se faire, à l'aide des
images qu'il a déjà emmagasinées, la représen-
tation des choses que ses yeux n'ont pas vues,
et que sa mémoire devient apte à conserver les
mots qui ne sont que de purs signes d'idées
abstraites ou d'objets inconnus.

De là le peu de hâte que l'on doit mettre à
faire étudier les enfants, et les ménagements
qu'il faut apporter dans ces études une fois
qu'ils y sont entrés. « Il y a barbarie à vouloir
apprendre à lire aux enfants avant six à sept
ans (1). »

« Je voudrais, dit l'abbé Fleury, que l'on
commençât à prendre soin d'un enfant dès qu'il
commence à entendre et à parler, ce que je fixe
à trois ans. Jusqu'à six je le laisserais se divertir et s'amuser librement, lui présentant,
autant qu'il serait possible, des objets utiles
pour son instruction, lui contant des histoires,
répondant à ses questions et parlant devant
lui, comme sans dessein, de ce qui peut lui
être utile, de sorte qu'il pût l'entendre. » Il

(1) Ch. Robin.

poursuit cette méthode jusqu'à neuf ans, en l'élevant graduellement, en y apportant plus de soin, en abordant des sujets plus difficiles ou moins communs, et il ajoute : « C'est pendant ces premières années qu'il faut particulièrement s'appliquer à mener les enfants par le plaisir. » Mais ce n'est pas tout, et il entre dans les détails avec une bonhomie si gracieuse que je ne résiste pas au plaisir de transcrire tout le morceau.

« Je voudrais qu'on instruisît l'enfant plus volontiers dans un beau jardin ou à la vue d'une belle campagne, par un beau temps, et quand il serait lui-même dans la plus belle humeur. Je voudrais que les premiers livres dont il se servirait fussent bien imprimés et bien reliés ; que le maître lui-même fût bien fait de sa personne, propre, parlant bien, d'un beau son de voix, d'un visage ouvert, agréable en toutes ses manières....

» Il reste à la plupart de l'aversion et du mépris pour toute leur vie, de ce qu'ils ont appris de gens trop vieux, chagrins ou maussades, et le dégoût des écoles publiques, quand ce sont de vieux bâtiments qui manquent de lumière et de bon air, passe jusqu'au latin et aux études. »

On voit que les idées les plus modernes sur l'instruction des jeunes enfants sont encore d'une belle antiquité. Il serait facile de remonter plus haut, jusqu'aux Grecs, si vous voulez, car c'est Aristote, si je ne me trompe, qui a dit : « Il faut faire en sorte que les enfants se réjouissent de bien faire et ne trouvent rien de plus agréable que de juger sainement de toutes choses. » Mais ne dépassons pas Montaigne, Rabelais, et d'autres de la même époque, comme ce bon P. Saliat, qui écrit : « Choses joyeuses et plaisantes conviennent à l'enfant. Il faut que tristesse et rudesse soient totalement chassées et bannies des études. »

L'austère Port-Royal ne parle pas autrement, et, dans les limites de son jansénisme, il appliquait ses principes. « A Port-Royal, rapporte A. F. Théry dans son *Histoire de l'Éducation en France*, jusqu'à douze ans on occupait les élèves des éléments de l'histoire sainte, de la géographie et du calcul, sous forme de divertissement, de façon à développer insensiblement l'intelligence, sans la fatiguer. » Dans la maison des filles, les mêmes soins étaient poussés encore plus loin. « Les petites, dit Jacqueline Pascal, il faut, encore plus que toutes autres, les accoutumer et nourrir, s'il se peut, comme de petites colombes. »

Enfin voici ce que nous raconte Bossuet de l'éducation du dauphin. « Nous voyions la géographie en jouant et comme en faisant voyage, tantôt en suivant le courant des fleuves, tantôt rasant les côtes de la mer, et allant terre à terre, puis tout d'un coup cinglant en haute mer ; nous traversions ensuite dans les terres, nous voyions les ports et les villes, non en les courant, comme feraient des voyageurs sans curiosité, mais examinant tout, recherchant les mœurs, surtout celles de la France, et nous arrêtant dans les plus fameuses villes pour connaître les humeurs opposées de tant de divers peuples qui composent cette nation belliqueuse et remuante. »

Combien cette géographie amusante et animée a-t-elle valu de bourrades et de coups de férule au pauvre enfant? Bossuet et M. de Montausier le savaient bien, mais c'est Dubois, le

valet de chambre du prince, qui nous l'a dit.
Leçons attrayantes, sans doute, tellement que
les sages précepteurs jugeaient bon d'en tempérer la gaieté par le fouet.

D'ailleurs les amis théoriques de la science
refrognée, bougonneuse et rébarbative, qui se
symbolise si bien, pour les enfants de l'âge
qui nous occupe, en un père Fouettard armé
d'un livre et d'un paquet de verges, ont toujours
été nombreux et comptent parmi eux des personnes dont on n'irait guère chercher le nom
là. C'est ainsi que Mme de Girardin nous a
laissé cette belle tirade :

« O tendres mères ! défiez-vous des méthodes faciles ; les méthodes faciles font les cerveaux paresseux, les cerveaux paresseux font
les sots ; aimez vos enfants, accablez-les de
caresses, gâtez-les, donnez-leur mille douces
jouissances, mais ne supprimez point pour eux
les difficultés de la vie ; surveillez-les beaucoup, ne les aidez pas trop, empêchez-les de
se casser le cou, mais laissez-les se casser la
tête contre tous les obstacles de l'étude ;
laissez-les se tourmenter, se décourager, se
tromper, s'interroger, se juger, se tromper

· encore, s'exercer enfin ; épargnez-leur tous les chagrins du cœur, si vous le voulez, si vous le pouvez, mais ne leur épargnez jamais les angoisses de l'intelligence ; bourrez-les de friandises, de gâteaux, de dragées, de confitures, mais ne supprimez jamais de leur ordinaire ce mets généreux qui donne la force et le courage, ce plat merveilleux qui change les ingénus en Ulysses et les poltrons en Achilles, cette ambroisie amère qui fait les demi-dieux, cet aliment suprême dont se nourrissent dès l'enfance les grands industriels, les grands guerriers et les grands génies : la vache enragée.

» Si vous interrogiez l'histoire gastronomique des hommes célèbres de notre époque, depuis M. de Chateaubriand jusqu'à M. Janin, depuis M. Molé jusqu'à M. Thiers, depuis Napoléon jusqu'à Louis-Philippe, vous seriez étonnées de la consommation effrayante que ces illustres personnages ont faite de ce bétail privilégié. Un vieux professeur disait qu'un homme qui n'avait point mangé de la vache enragée n'était jamais qu'une poule mouillée. L'image est un peu tourmentée : un homme qui ne sera jamais qu'une poule parce qu'il n'a pas mangé une vache, c'est assez mauvais comme style, mais comme pensée, c'est bien profond. »

Sans doute,

L'homme est un écolier, la douleur est son maître,

mais jusqu'à douze ans, et même plusieurs années après, est-il bien nécessaire qu'il aille à cette école-là ? De la vache enragée, mon cher vicomte, rien n'est meilleur, assurément. Mais encore faut-il un estomac assez fort pour la digérer, et vous n'en ferez pas l'ordinaire de ceux qui ont encore leurs dents de lait. Il y a cependant, dans cette boutade paradoxale, des choses justes que, sans peine, les mères y démêleront.

« Les enfants de huit à treize ans, dit Michelet, ont une aptitude singulière pour saisir les choses subtiles. Mais cela fait trembler. Qui use de cette précocité risque de les sécher, de les faire pour toujours délicats, faibles, arides (disons d'un mot *fruits secs*). Il faut tout au contraire leur donner des choses grossières, épaisses, saisissables et palpables, qui nourrissent sans trop affiner. »

. Egger exprime la même idée : « Vers neuf ans, je vois cette activité de l'esprit s'accroître au point qu'il faut presque, par prudence, la contenir et lui épargner les occasions de s'exercer, de peur qu'elle ne se fatigue et ne s'épuise. »

Le danger est donc de donner trop plutôt que trop peu. Car, comme le fait remarquer Montaigne, « vous diriez que la plûpart des Peres regardent les sciences comme des liqueurs, l'art de les enseigner, comme un entonnoir, par le moien duquel on les fera couler quand on voudra dans la tête des jeunes gens. »

Cette réflexion est aussi bien à sa place ici que plus loin, lorsque l'enfant ira chercher l'instruction en dehors de la famille. L'ambition du père est impatiente, et celle de la mère l'est souvent davantage. Certes, pour employer l'énergique expression d'un vieux Français, « vault mieux estre pourceau, que homme sans savoir, et meschant (1) » ; mais être savant

____

(1) P. Saliat.

avant que d'être homme, c'est donner l'épi avant la tige: la tige manque, et l'épine vaut rien.

Il y a longtemps qu'on a comparé la science à un bol de potion amère dont il faut sucrer les bords pour les jeunes lèvres qui s'y trempent. Le trouvère du *Roman du Renard* proclamait, dans son rude langage que je modernise, une vérité bonne à redire, lorsqu'il s'écriait:

> En déshonneur meurt à bon droit
> Qui n'aime livre, ni n'y croit.

Mais faire trop aimer les livres aux si jeunes enfants, c'est leur faire aimer une liqueur forte qui les surexcite et les tue. Garreau ne s'y trompe pas.

> On ne vit pas, dit-il, quand on a tant d'esprit.

Et, pour ne point plaisanter en un sujet si grave, j'ajouteai simplement que, sur cent de ces éducations hâtives et surchauffées, il n'en est pas dix qui produisent des fruits ordinaires et normaux ; les autres, ou sont interrompues par la méningite, ou aboutissent à l'imbécillité.

CHAPITRE XI

Je suis né vers le milieu de ce siècle. Mes premiers instituteurs ont été les Frères des Écoles chrétiennes. Chez eux, j'ai reçu la férule, de leurs mains... dans les miennes. J'avais sept ans. Cette férule était une bande de cuir épais, noir, que les Frères faisaient tremper dans du vinaigre pour la rendre plus dure, disaient les enfants. Le maître la tenait doublée, par les deux bouts ; l'enfant tendait sa main, la paume bien droite ; l'exécuteur levait le bras et, quand il l'abaissait, l'un des bouts du cuir frappait violemment la petite main. Il y avait une autre punition : le coupable croisait les doigts au dessus de sa tête, les ongles en haut, et, avec une règle plate, le bon Frère donnait des coups secs sur le bout de ces doigts.

J'ai eu ensuite un instituteur laïque. Il avait derrière son bureau des baguettes de différentes grandeurs, la plus longue atteignant le fond de la classe, et, pendant la leçon, sans s'interrompre, il rappelait les distraits à l'ordre en les cinglant. J'avais dix ans.

Deux ou trois ans plus tard, j'entrai au lycée. Là, dès cette époque, le réglement était formel: tout châtiment corporel est défendu. Nous avions un censeur, mort fou (comment a-t-il vécu?) qui passait dans nos rangs, même dans nos études, avec une canne, et nous zébrait les jambes sans rime ni raison. J'ai retrouvé ce type, poussé au monstre, dans le M. Creakles de *David Copperfield*, par Dickens.

Notre professeur d'écriture était un homme énorme, chauve, sale, asthmatique, à tête bizarre, à la voix vibrante, à la parole drôle, et qui certainement n'était pas méchant. Il s'asseyait près de nous, à tour de rôle, nous plaçait les doigts, et s'il ne les trouvait pas assez souples et dociles, il nous les faisait si bien allonger à coups de règle que la plume tombait

do nos mains et, sur la page d'écriture, faisait
des pâtés. — « Ah ! ah ! mon gaillard, s'écriait-
il alors, la belle affaire ! Mon maître d'écriture,
à moi, ne frappait jamais avec le plat de la
règle ; toujours avec l'angle, avec l'angle ! » —
Et, pour qu'on le comprît mieux, il frappait
« avec l'angle » les jeunes doigts endoloris.

Un journal, exclusivement consacré aux
questions universitaires, publiait naguère un
article d'un homme du métier qui se plai-
gnait du relâchement de la discipline, attri-
buable, selon lui, à l'adoucissement des mœurs
scolaires, et qui citait, non sans regret que l'espèce en fût perdue, un proviseur, héroïque
débris du vieux temps, dont le cabinet était
orné, au point le plus apparent de la muraille,
d'un martinet solidement tressé. Si un élève se
montrait rebelle au réglement et insensible
aux punitions ordinaires, il le faisait venir,
lui montrait l'instrument, et, le priant de le
décrocher lui-même, lui signifiait qu'il allait
lui en administrer quelques coups sur les
épaules. C'étaient des coups bien sentis, et
qui, affirme l'auteur de l'article, faisaient merveille. Ce résultat n'a rien d'étonnant : on le

constate depuis longtemps dans les chiourmes.

En Angleterre, les coups de canne sur la paume des mains ou sur le dos sont encore en usage dans la plupart des écoles. Le chef de l'institution, le *Head-Master*, fait comparaître devant lui le délinquant, et lui dit : — « Baissez-vous, monsieur. » — L'enfant, souvent presque un jeune homme, se tourne et se courbe en deux, en ramenant sur sa poitrine les basques de son habit. Alors le maître lui-même, ou un fonctionnaire commis à cet effet sous sa surveillance immédiate, imprime à plusieurs reprises un jonc souple et bien calibré sur la surface ainsi complaisamment tendue. Un maître français dans une de ces écoles, chargé de conduire les enfants à la baignade, me disait qu'il était ému de voir tous ces dos vergetés de rayures rouges ou violettes.

J'ai relaté tout ce qui précède uniquement pour montrer que ce chapitre peut ne pas être sans utilité.

« Quand je me souviens de la manière qu'on m'a enseigné, dit le père B. Lamy, il me semble qu'on me mettait alors la tête dans un sas, et qu'on me faisait marcher à coups de fouet, me châtiant cruellement, toutes les fois que, n'y voyant pas, j'allais de travers. »

« C'est par la douceur qu'il faut former l'esprit des enfants, » déclare Bossuet. Or lisez les mémoires de Dubois, le valet de chambre du dauphin, vous verrez que l'élève de l'évêque de Condom et de l'austère Montausier vivait dans une tempête de coups et d'injures, et qu'il en était souvent malade.

Saint-Simon raconte que le jeune de Boufflers et les deux fils du lieutenant de police d'Argenson, étant ensemble chez les jésuites, firent quelque escapade pour laquelle les pères fouettèrent le jeune de Boufflers; mais ils en épargnèrent ses deux complices, parce que ceux-ci étaient les fils d'un homme dont ils avaient à ménager le pouvoir. « Le petit Boufflers fut, dit Saint-Simon, saisi d'un tel désespoir qu'il en tomba malade le jour même. En quatre jours cela fut fini. »

Lorsque ce système n'amène pas des résultats aussi tragiques, que produit-il?

« Je n'ai vu aultre effet aux verges, sinon de rendre les âmes plus lasches ou plus malicieusement opiniastres », dit Montaigne.

« Mentir, vice vilain et de valets, d'âme lasche et craintive : et souvent la mauvaise et trop rude instruction en est cause », poursuit Charron.

« Il est aussi difficile de fixer des idées nettes dans une âme agitée par la frayeur que de bien écrire sur un papier qui tremble », conclut le philosophe anglais Locke.

Dans la famille, les effets d'une telle éducation ne sont pas meilleurs. Un ami me disait qu'il avait reçu à six ans, pour la première fois, la notion de l'injustice, et qu'elle ne s'était pas effacée depuis. Enfant vif et entreprenant, n'ayant pas encore l'idée bien nette du tien et du mien, si ce ce n'est pour s'approprier ce qui appartenait aux autres, il avait la réputation, méritée sans doute, de prendre tout ce qui lui tombait sous la main, de le cacher en des endroits absolument imprévus, et même — *horresco referens !* — de le jeter dans les cabinets. Un jour sa mère, ayant besoin d'une pièce de dentelle, la cherche et ne la trouve point. Elle vide ses tiroirs, fouille partout : rien. — « C'est Charles qui l'a prise ! ce ne peut être que lui ! » — Charles, interrogé, nie ; menacé, il nie encore. — « Avoue tout de suite que tu as pris ma dentelle et que tu l'as jetée dans les cabinets, ou tu auras le fouet ! » — Charles nie plus énergiquement encore. Le fouet est décidé. Charles est placé le ventre sur une chaise ; la bonne, appelée à la rescousse, lui tient les jambes, et les claques de pleuvoir sur ses muscles les plus charnus. — « Avoueras-tu ? » — « Dites donc oui » soufflait la bonne. — « Eh bien, oui ! puisque vous le voulez », finit par crier le petit, hurlant et sanglotant. Deux jours après, dans un coin inexploré, la dentelle se retrouve, par hasard. Au dîner, le bambin triomphait. — « Tu vois bien, mère, tu m'as forcé à mentir ! » — « Mentir ! reprit le père. Vous serez privé de dessert pour avoir menti, monsieur. » — Cette leçon stoïcienne tombait à faux. Certes, l'homme de qui je tiens l'anecdote ne s'étonnait point de cette erreur et convenait que, dans les deux cas, on le corrigeait pour son bien. Nul plus que lui n'honore, n'aime tendrement son père et sa mère. Mais il donnerait encore aujourd'hui beaucoup pour avoir appris plus durement,

mais par d'autres mains, à distinguer ce qui
est juste de ce qui ne l'est pas.

Les résultats de ces imprudences ou de ces
méprises sont parfois terribles. On cite un
enfant qui, s'étant mal conduit en classe et
sachant que son père le châtierait quand il
verrait son cahier de notes, alla se jeter à l'eau
et se noya. E. Legouvé, dans son livre *Les
Pères au XIX* siècle*, au milieu de tant de
pages charmantes, a un passage trop émou-
vant pour n'être pas le récit d'un fait vrai. Le
père, irrité d'une obstination inaccoutumée
chez son fils, lève pour la première fois la
main sur lui. La mère, qui est là, s'élance et
s'écrie : — « Vous ne battrez pas mon fils, je ne
le veux pas ! » — Au bout de quelque temps,
l'émotion calmée, elle sent qu'elle doit à son
mari qu'elle aime l'explication d'une intervention si violente. — « Mon père était emporté,
dit-elle. J'avais quinze ans lorsqu'il me donna
un soufflet. Je n'ai pas pu lui pardonner. De
mes deux frères, l'un est mort à douze ans sans
vouloir voir son père dont la présence le terri-
fiait, l'autre arrivé à l'âge de seize ans, jura
que s'il était encore frappé comme il venait de

l'être, il le rendrait. Comprends-tu maintenant pourquoi je ne veux pas que tu frappes notre enfant ? »

Je ne reproduis là qu'un reflet bien terne de cette scène si chaude, si colorée, si puissante, et qui secoue le cœur par toutes les fibres. Il suffira peut-être pour donner à quelques-uns le désir de la lire dans l'original.

« Un père qui frappe son enfant, dit le même auteur, n'est pas un juge qui punit, c'est un homme en colère qui se venge ! Il ne pense pas à réprimer le défaut de son fils, il satisfait le sien. »

Montaigne a dit un mot qui est au fond du cœur de tous les pères, et qu'ils feront bien de ne pas étouffer sous des notions mal entendues de dignité, d'autorité, encore moins sous les fumées de la colère : « Quand je pourrais me faire craindre, j'aimerais encore mieux me faire aimer. »

Ce n'est pas seulement la peur des coups qu'il faut éviter aux enfants ; c'est le sentiment même de la peur, sentiment bas et avilissant, où celui qui y est sujet trouve en même temps l'excuse et le conseil des démarches indignes et des actes honteux.

L'enfant doit être formé au courage et à la franchise. Croit-on arriver à ce but en lui farcissant l'imagination de monstres, et en le trompant? Car on n'inspire à l'enfant ces terreurs que par des mensonges, et si quelque chose doit être respecté chez lui, c'est bien sa candeur et sa bonne foi.

« Les enfants sont crédules, dit l'abbé Fleury, on leur conte Peau-d'Ane et cent autres fables impertinentes, qui occupent leur mémoire dans sa première fraîcheur; ils sont timides, on leur parle de loups-garous et de bêtes cornues; on les en menace à tous moments; on flatte toutes leurs petites passions, la gourmandise, la colère, la vanité, et quand on les a fait tomber dans les pièges, quand ils disent une sottise, tirant droit une conséquence d'un principe impertinent qu'on leur a donné, on s'éclate de rire, on triomphe de les avoir trompés, on les baise et on les caresse comme s'ils avaient bien rencontré; il semble que les pauvres enfants ne soient faits que pour divertir les grandes personnes, comme de petits chiens ou de petits singes. »

A un autre point de vue, cette habitude d'épouvanter les enfants n'offre pas un danger moindre. Je laisse ici parler un médecin :

« Ne faites jamais peur à un enfant. C'est là un précepte qu'on ne saurait trop répéter. En dehors en effet des désordres nerveux, des maladies même que vous pouvez provoquer, vous donnez à son esprit une tournure spéciale que dans l'avenir, on ne pourra que bien difficilement modifier. Parbleu ! c'est un moyen si simple de gouvernement domestique que ce sentiment vil et bête, de la peur ! C'est le premier qui se présente à l'esprit... C'est l'éternel *quos ego...* Fais ceci ou je... Ne fais pas cela ou je... Obéis, ou Croquemitaine, père Fouettart, les gendarmes, le Diable, etc., vont venir t'emporter (1). »

Gulliver, dans ses voyages, visita un pays où, « si l'on s'aperçoit que les bonnes se permettent jamais d'entretenir les petites filles d'histoires terribles ou absurdes, ou des vulgaires sottises ordinaires aux femmes de chambre de chez nous, elles sont fouettées trois

(1) Dr A. Coriveaud.

fois publiquement par la ville, emprisonnées pendant un an, et bannies pour la vie dans la partie la plus désolée du pays. »

Voilà un réglement tel qu'on n'en trouve guère malheureusement qu'aux pays d'Utopie.

La peur n'est pas un sentiment naturel chez l'enfant, à moins qu'il ne se trouve en présence d'un spectacle imprévu et inaccoutumé. A l'ordinaire, il est confiant ; il n'est nullement porté à croire que des êtres ou des forces terribles se cachent sur son passage pour lui faire du mal.

Il est facile de ne pas contrarier cette heureuse disposition, et même de l'encourager, sans donner de prime à l'imprudence, bien entendu. Le docteur A. Coriveaud nous cite l'exemple de « deux petites filles, dont l'une porte le rude poids de cinq hivers, et l'autre n'a vu naître que trois printemps, deux diables enjuponnés d'ailleurs, dont le plus grand plaisir et l'une des plus chères *récompenses* est d'aller se promener à la cave *sans chandelle*. »

Cela ne vaut-il pas mieux que d'être effrayé de son ombre, et de ne pas oser traverser le corridor, le soir, pour aller d'une chambre à l'autre, parce que, comme un malheureux petit garçon de ma connaissance, on a peur de l'*Homme à la Jambe Crue !*

« Mais vous nous désarmez, diront certains parents. Si nous n'avons plus Croquemitaine, comment ferons-nous ?

— Je vous enlève, il est vrai, une arme fragile et dangereuse, mais je vous en laisse une infaillible.

— Ah !

— La patience et l'absolue justice. Ainsi armés, pas d'enfant qui vous résiste. Essayez-en (1). »

(1) Dr A. Coriveaud.

CHAPITRE XII

LES DROITS DE L'ENFANT

L'enfant a le droit d'être heureux.

Notre devoir, à nous, c'est de lui donner ce bonheur.

Je ne veux pas dire qu'il faille l'élever dans un confort matériel au-dessus des moyens de ses parents; le luxe et la mollesse sont funestes à l'enfance. Je ne dis pas davantage qu'il doive être mis à même de satisfaire tous ses caprices. Lui donner ce bonheur-là, ce serait assurer le malheur de sa vie. Mais je tiens pour évident qu'il a le droit d'attendre de ceux qui sont responsables de son être les conditions nécessaires au plein développement de ses facultés, et à leur libre jeu, lorsqu'il sera devenu grand.

E. Legouvé exprime la même idée en termes saisissants : « Quelle plus terrible responsabilité vis-à-vis d'un être que de lui avoir infligé le titre de créature humaine, que de l'avoir condamné aux douleurs, aux passions, aux maladies, aux fautes, aux vices, aux crimes peut-être et enfin à la mort?... Et vous vous croyez quitte envers ces êtres à qui vous avez fait tant de mal, pour quelques soins donnés à leur enfance et pour quelques aliments assurés à leur âge mûr? »

Sans prendre les choses de ce côté peut-être un peu trop tragique, mais dont on ne saurait cependant contester la réalité, on peut dire, avec un poète contemporain :

> Si la vie est à l'homme une dure maîtresse,
> Qu'elle soit douce, au moins, et clémente à l'enfant !

Je ne sais si l'on n'aurait pas quelques réserves à faire lorsque, s'adressant à l'enfant qui va naître, le même poète s'écrie :

> ... Pour devoir, chaque jour, tu n'auras
> Qu'à t'amuser, mignon, qu'à jouir des caresses
> De tout, qu'à boire aux flots de toutes les ivresses
> Et des enchantements qu'à l'enfant ingénu

Offre en se dévoilant l'univers inconnu;
A tes libres ébats nul ne mettra d'entrave.
Commander un enfant comme on fait un esclave,
Sous couleur de respect, d'ordre, d'autorité,
Briser dès le berceau sa tendre volonté,
En faire un être mou, prompt à baisser la tête,
Réculant et furtif, ah! plutôt qu'on le jette
Au néant! Il vaut mieux reposer dans la mort
Que d'être l'aigle à qui l'on interdit l'essor, —
Que d'avoir en son sang la force et la noblesse,
Et d'être, comme un chien, mené partout en laisse, —
Que d'avoir, pour grandir, besoin de liberté,
Et d'être par la bride ou la verge mâté.

Mais en faisant la part d'une certaine exagération poétique dans l'expression, le fond de l'idée n'est-il pas vrai? Et même, dans les premières années de la vie, ce programme n'est-il pas encore le plus sage qu'on puisse se proposer?

Lorsque l'arbre en avril sent la sève monter,
Que le suc généreux bouillonnant sous l'écorce,
Répand dans les bourgeons la chaleur et la force,
Et fait se déployer le riche éventail vert
Des feuilles, que tenait dans leurs gaînes l'hiver,
L'arbre est heureux. La vie est pour lui généreuse.
Il grandit sans effort. Sa tige aventureuse
Pousse au ciel plus avant des rameaux plus épais,
Comme un rayonnement de son intime paix.
Ainsi grandit l'enfant. La volupté de vivre,

> Comme un vin qui réchauffe et qui jamais n'enivre,
> Emplit son jeune cœur de ce bonheur confus
> Qu'il comprendra plus tard, quand il ne l'aura plus.
> Qu'il en jouisse, au moins ! Que notre expérience
> Tienne éloigné le vase amer de la science
> Où nos lèvres ont bu le mal avant le temps,
> Et laissons-le donner les fleurs de son printemps.

Il faut entretenir dans sa sereine limpidité aurorale cette « matinée adorable de l'homme, » comme l'appelle Victor Hugo.

Avant tout, c'est le bien-être physique, la bonne conformation du corps, la santé, qui doivent préoccuper.

« Une belle âme dans un corps infirme, c'est un excellent pilote dans un méchant vaisseau », dit La Mothe Le Vayer. Nous devons nous efforcer de construire un bon vaisseau, digne de porter un excellent pilote. Ce n'est pas une petite affaire, et ceux qui la négligent sont, ou bien aveugles, ou bien coupables. Il est vrai que, même pour soi, on prend rarement les soins qu'il faudrait prendre. Cette singulière négligence, que l'on constate même chez les égoïstes endurcis, est représentée avec assez de force dans ces lignes de l'abbé Fleury :

« On croit que la santé vient toute seule, que l'on en aura toujours assez, et que l'important est de gagner beaucoup d'argent et de parvenir à de belles charges, comme si l'on pouvait jouir de ces biens et de ces honneurs sans vivre et se bien porter.

» Quand je parle d'avoir soin de sa santé, je ne parle pas des précautions de femmes et d'hommes sédentaires et trop aisés, qui se tâtent le pouls à tout moment, et qui, à force de craindre les maladies, sont presque toujours malades, ou du moins s'imaginent l'être ; qui prennent des bouillons tous les matins, qui ne peuvent ni jeûner ni faire maigre, ni manger plus tard qu'une certaine heure ; qui ne peuvent dormir s'ils ne sont couchés fort mollement et fort loin du bruit ; qui n'ont jamais assez de châssis, de paravents et de contre-portes ; en un mot qui ont une horreur extrême des moindres incommodités... Ces gens... aiment mieux prendre un médecin que de se priver d'un repas. »

Il n'y a pas à s'étonner que ces mêmes gens, qui font si bon marché, en ce qui les concerne, du premier des biens, ne s'en inquiètent

8.

que médiocrement et maladroitement quand il s'agit de leurs enfants. C'est justement la raison pour laquelle il faut insister sur ce droit primordial de l'enfant, d'être élevé suivant les règles de l'hygiène et de recevoir des soins de ses parents une santé robuste et aguerrie.

Rousseau craignait à juste titre, « cette pusillanimité meurtrière qui, à force de délicatesse et de soins, affaiblit, effémine un enfant, le tourmente par une éternelle contrainte, l'enchaîne par mille vaines précautions, enfin l'expose pour toute sa vie aux périls inévitables dont elle veut le préserver un moment, et pour lui sauver quelques chagrins dans son enfance, lui prépare de loin des fluxions de poitrine, des pleurésies, des coups de soleil, et la mort, étant grand. »

Je rappellerai à ce propos les conseils, que dis-je ? les lois formulées par un esprit essentiellement droit et pratique, William Cobbett.

« Un jeune enfant ne devrait jamais être confié qu'à son père, à sa mère, ou à une parente dévouée ; et pour cela, on ne devrait jamais regarder à ses aises ou à la dépense, car le plus sacré des devoirs, c'est d'assurer à votre enfant une taille parfaite, des membres bien développés, un corps vigoureux, et un esprit sain. Assurer leur avenir, les mettre en état d'acquérir plus tard une bonne réputation, leur faire apprendre tout ce qui est nécessaire pour la vocation à laquelle vous les destinez, voilà vos devoirs ; mais un devoir bien autrement important, et qui passe avant tous les autres, c'est celui de ne rien négliger pour les doter *d'une bonne cervelle dans un corps bien formé.* »

Ajoutons en passant, à l'adresse particulière des demoiselles, que le même W. Cobbett, lorsqu'il en arrive aux voies et moyens, fait cette déclaration, que je conseille aux jeunes filles de méditer en se couchant : « La santé exige que l'on se lève matin. La direction d'un ménage le demande impérieusement. » Ne nous attardons pas aux conversations alanguissantes avec l'oreiller, mesdemoiselles. Debout dès l'aube. Non seulement c'est l'intérêt du ménage où vous serez reines et maîtresses un jour ; mais c'est l'intérêt de votre bonne humeur, de votre vivacité, de votre santé, et — je ne sais si cela vous touchera, — de votre beauté.

Je retrouve dans Cobbett l'idée même qui

est le fonds de ce chapitre et que j'ai exprimée
nettement dès le début : « Le bonheur des
enfants doit passer avant tout. » Il ajoute :
« Et si l'étude peut y porter atteinte, il faut la
mettre de côté. » En effet, « c'est un très grand
mal que de forcer le cerveau à supporter un
travail pour lequel il n'est pas encore préparé. »

Ce n'est pas la cause des paresseux, que
nous plaidons ici, Cobbett et moi, loin de là.
Mais il faut pourtant ouvrir les yeux de ces
parents qui ne voient pas le corps frêle et chétif de leur fils, sur lequel se penche une
grosse tête aux yeux cernés, aux lèvres pâles,
aux joues creuses et décolorées, et qui le poussent sans pitié à travers compositions et concours, comme un cheval de course dont on ne
s'inquiète pas s'il sera fourbu, pourvu qu'il
arrive premier.

On veut armer ses enfants pour le combat de
la vie, chaque jour plus âpre et plus acharné ;
et on les fait s'épuiser à des luttes prématurées
et factices qui leur laissent à peine la force d'arriver sur le véritable champ de bataille, où ils
tomberont au premier coup.

Je ne parle pas ici — est-il besoin que je le

dise? — de ces organisations exceptionnelles et précoces, comme l'histoire en cite un petit nombre. Ce sont surtout celles-là qui servent de point de comparaison aux parents. Ils disent : « Pascal n'était pas plus âgé que toi quand, avec des ronds et des barres, il refit les propositions d'Euclide, et tu trouves difficile la géométrie dans l'espace !... » —Eh ! monsieur, supposez-vous donc qu'il pousse comme cela des Pascals dans toutes les familles?

Ce ne sont plus seulement les garçons qui sont soumis à cet entraînement effréné qu'on a appelé l'éducation homicide. Les filles, aujourd'hui qu'on a compris qu'elles devaient être sérieusement instruites, en sont, par cet usage excessif qui fait qu'un remède devient poison, les fréquentes et tristes victimes. En moins de dix-huit mois j'ai vu mourir, l'une à Toulouse, l'autre à Paris, deux jeunes filles, que la Faculté complimentait naguère en leur délivrant leurs diplômes, érudites, savantes, la joie et l'orgueil de leurs pères qui avaient contribué de toutes leurs forces à hâter la maturité de ces fruits rares et charmants. Les fruits, trop mûrs et trop lourds, sont tombés de l'arbre avant le temps, et dans le désespoir des pères entre pour une part cette pensée : — Une fille si intelligente, que j'avais instruite moi-même, et qui faisait tant de progrès ! — L'idée ne leur vient pas qu'ils l'ont tuée.

Que Michelet a raison quand il dit : « Nous versons de notre cerveau un merveilleux fleuve de sciences, d'arts, d'inventions, d'idées, de produits, dont nous inondons le globe, le présent, même l'avenir. Mais à quel prix tout cela ? Au prix d'une effusion épouvantable de force, d'une dépense cérébrale qui d'autant énerve la génération. Nos œuvres sont prodigieuses et nos enfants misérables.....

»...Ils naissent tout préparés ; ils ont nos arts dans le sang, mais aussi notre fatigue. D'effrayante précocité, ils savent, ils peuvent, ils feraient. Mais ils ne font rien, ils meurent. L'enfance de l'homme, comme celle des plantes et de toute chose, a besoin de repos, d'air, de douce liberté. Ici tout lui est contraire, nos mérites autant que nos vices. Tout semblerait combiné pour étouffer les enfants. Les aimons-nous ? Oui, sans doute. Et cependant nous les tuons. Une société si agitée, si violente, c'est (qu'elle le sache ou non) une vraie guerre à l'enfance. »

Ainsi que le conseille l'abbé Fleury, « il faut entretenir les enfants dans la joie, qui est si naturelle à cet âge, rire et badiner quelquefois avec eux, pourvu que l'autorité n'en souffre pas, et attendre plutôt quelques années de plus à commencer les instructions sérieuses et l'étude réglée. »

« Le principe d'une sage éducation est de préserver et de prolonger l'enfance dans l'enfant aussi longtemps qu'il sera possible », dit fort bien M. Paul Janet. Il faut donc le laisser se développer suivant la loi d'évolution de sa nature, non sans l'aider, je le veux bien, mais sans précipiter ce développement ni vouloir en détourner la marche dans le sens de nos goûts ou de notre ambition. « Un des premiers soins, écrit l'auteur d'un grave traité sur l'éducation, doit être... de ne pas vouloir trop faire par soi-même, de diriger plutôt de loin que de près, de ne pas entraver la nature, de se garder de tout ce qui pourrait étouffer ou paralyser quelque talent, quelque bon penchant que ce soit (1). »

(1) Th. Fritz.

C'est ce qu'un évêque, qui a rendu le siège d'Orléans presque aussi fameux que l'est, depuis Bossuet, le siège de Meaux, appuyait de son autorité et de son expérience dans ces deux passages :

« Quoi qu'on fasse, on n'élèvera jamais un enfant sans lui ou malgré lui. Il faut lui faire vouloir son éducation : il faut la lui faire faire à lui-même et par lui-même...

« Portez, inclinez, exhortez au bien ; mais n'y forcez pas... Le grand mal de l'éducation en France, depuis cinquante années, c'est qu'elle manque de liberté. »

L'abbé Trublet disait très sensément à l'instituteur d'un enfant qui ne montrait aucune disposition à l'étude : « Peut-être ne pouvez-vous pas lui donner d'esprit, ni même de science ; mais au moins ne lui donnez pas d'erreurs. »

Et surtout ne troublez pas sa conscience ; ne faites jamais rien qui le rende inquiet et hésitant sur la justice et la franchise de votre acte. Ne punissez que les fautes et soyez indulgent pour les erreurs. Vous verrez que celles-ci sont en bien plus grand nombre que celles-là.

« Jo treuve, dit Montaigne, qu'on s'amuse ordinairement à chastier aux enfants des erreurs innocentes très mal à propos, et qu'on les tourmente pour des actions téméraires qui n'ont ny impression ny suitte. La menterie seule, et, un peu au dessoubs, l'opiniastreté, me semble estre celles desquelles on debvrait à toute instance combattre la naissance et le progrès : elles croissent quand et eulx; et depuis qu'on a donné ce fauls train à la langue, c'est merveille combien il est impossible de l'en retirer ; par où il advient que nous veoyons des honnestes hommes d'ailleurs y estre subjects et asservis. »

Antoine Courtin, dans son *Nouveau Traité de la Civilité qui se pratique en France parmi les honnestes gens* (1695, 8ᵐᵉ édit.), ne tient pas un autre langage : « Il faut faire une grande distinction du mal que les enfants font. Tout ce qui part d'un mauvais principe je veux dire de malice, d'opiniâtreté, de désobéissance, de menterie, il faut le châtier : mais pour toutes les choses involontaires, il faut le pardonner, de peur de cabrer et de rebuter ces petits esprits. »

L'un et l'autre insistent sur la « menterie ». Le mensonge est, en effet, le vice capital de l'enfance, celui que l'on doit éloigner d'elle avec le plus grand soin. Pour cela, il n'y a qu'un moyen d'efficace : c'est d'avoir, dans nos relations avec eux, la religion de la vérité. Balzac rapporte, à ce sujet, une anecdote caractéristique. Fox, le futur homme d'État dont tout le monde connaît le nom, passait ordinairement les vacances au château de son père, magnifique résidence bâtie au milieu d'un vaste parc. Dans ce parc se trouvait un vieux kiosque mal placé, qui devait être abattu et reconstruit à un endroit d'où la vue serait plus belle. Les enfants aiment beaucoup à voir démolir, comme ils aiment le changement, l'activité sous toutes ses formes. Aussi le petit Fox priait-il ardemment son père de prolonger ses vacances pour qu'il pût assister à la chute du pavillon. Mais le père exigea qu'il rentrât au collège au jour fixé pour l'ouverture des classes. Cependant, touché du chagrin de l'enfant, et surtout cédant à l'intervention de la mère, il promit solennellement à son fils que le kiosque ne serait pas démoli avant les vacances prochaines. Fox une fois reparti pour le collège, le père crut qu'un jeune garçon occupé de ses études oublierait son désir de l'année précédente et la convention faite : le kiosque fut abattu en son absence et reconstruit sur l'autre emplacement. Mais aussitôt en vacances, le premier soin du jeune Fox fut d'aller voir son kiosque, auquel il avait songé toute l'année. Il revint, tout triste, et, à déjeuner, dit à son père : — « Je suis allé dans le parc. Vous m'avez trompé. » — Le vieux gentilhomme lui répondit avec une confusion pleine de dignité : — « C'est vrai, mon fils, mais je réparerai ma faute. Il faut tenir à sa parole plus qu'à sa fortune, car tenir à sa parole donne la fortune, et toutes les fortunes n'effaceraient pas la tache faite à la conscience par un manque de parole. » — Le père fit reconstruire le pavillon comme il était, puis il ordonna qu'on l'abattît sous les yeux de son fils.

L'excentrique Restif de la Bretonne, dans un de ses romans par lettres, trace un tableau remarquable des soins, des précautions, des tendresses et du scrupuleux respect que l'enfant, en raison de sa jeunesse, de son inexpérience, de sa candeur et de sa dépendance, a le droit d'attendre de nous.

« La plupart des parents et des maîtres, fait-il dire à un de ses personnages, n'ont pas, à beaucoup près, les qualités nécessaires pour former l'esprit et le cœur de leurs jeunes élèves : ils suivent une routine vicieuse, font comme on leur a fait; et les abus se perpétuent. Pour bien élever la jeunesse, il faudrait, dis-u, dépouiller tous les préjugés; n'écouter jamais que la raison, non pas cette raison froide et sentencieuse, mais une raison enjouée, proportionnée à l'enfance, quelquefois badine et folâtre comme elle; jamais triste; jamais aigre, et rebutante : préférer la clémence à la rigueur, et n'employer cette dernière que dans certaines occasions rares, en montrant toute la répugnance qu'on a d'être forcé de prendre ce parti. Il ne faut pas qu'un père, un maître défendent une action indifférente qui leur déplaît, uniquement parce qu'elle leur déplaît; ils doivent la tolérer : on a perdu une multitude de jeunes gens des deux sexes, en étendant les défenses et les châtiments sur des bagatelles : on met par là, dans leur esprit, une sorte d'égalité entre le crime et des fautes légères ou de convention ; dès qu'ils ont la liberté, ils se livrent indifféremment à l'un comme aux autres... Il se trouve des caractères heureux, auxquels il suffit d'indiquer le bien, pour qu'ils l'embrassent... Il en est d'autres plus difficiles ; de ces génies raboteux et tortus qu'on ne sait comment prendre : mais un père éclairé, tendre, honnête, un maître habile, zélé, pourront les redresser. C'est avec ceux-ci qu'il est besoin d'adresse, et surtout de beaucoup de patience ; trop de douceur les rend insolents ; trop de rigueur les rebute, et tout est perdu : il faut tempérer l'une par l'autre ; leur donner une apparente liberté qu'ils croiront réelle ; les laisser bondir comme un jeune cheval encore indompté, jusqu'à ce qu'ils se lassent ; mais se mettre toujours prudemment au-devant des précipices, pour les préserver des chutes dangereuses. »

Conseils pleins de sagesse et de sens pratique, que des voix plus autorisées que celles de Restif avaient, on a pu le voir, donnés longtemps avant lui, et qu'il faudra répéter bien des fois

encore avant d'obtenir qu'ils soient générale-
ment suivis.

Je crois cependant qu'on y vient.

CHAPITRE XIII

JOUETS ET JEUX

« Il fault noter que les jeux dés enfants ne
sont pas jeux, et les fault juger en eux comme
leurs plus sérieuses actions. »

Cette parole de Montaigne montre de quelle
importance est la question des jeux dans l'éducation. Les jeux des petits enfants ne sont, en
effet, que leurs expériences, les essais par
lesquels ils cherchent à imiter ce qu'ils voient
faire autour d'eux. La petite fille promènera
ses doigts sur le rebord de la table et « fera son
piano » ; si elle sait déjà ce que c'est qu'une
école, elle rangera autour d'elle poupées, animaux, bouts de bois, et autres choses qui lui
servent de jouets, et elle leur fera la classe ; elle
fera la soupe à sec dans un petit pot de fer

blanc sur un feu imaginaire; elle recevra des dames et des messieurs, et entretiendra des conversations à elle toute seule, derrière un fauteuil, dans un petit coin, dont elle aura fait son salon. Le petit garçon exercera le métier de son père; il sera soldat, et, avec un vieux balai pour fusil, tuera beaucoup de Prussiens; il ira à la chasse dans l'appartement et portera à la cuisine des perdrix qui n'existeront que dans son esprit; il aura une petite brouette pleine des échantillons que les magasins de nouveautés envoient à sa mère, et il poussera par la chambre son magasin roulant, criant à tue-tête : « Voilà le petit marchand de la petite marchandise, » et vendant des robes, des habits et des cravates, aux chaises, aux tabourets, et autres meubles qu'il rencontre sur son chemin. « Bébé se trouvant bien seul, dit Gustave Droz, trace par terre quatre lignes à peu près droites, et voilà une maison. Vous souriez? mais ne croyez pas qu'il agisse à la légère. Dans cette maison il n'a oublié ni la porte, ni la cuisine, ni la salle à manger; personne au monde n'est plus logique que lui, et l'on peut dire que le bon sens est au fond de l'homme qui naît;

c'est avec l'âge que l'on devient absurde, la bê-
tise est un champignon qui ne pousse que sur
les vieux troncs. »

Tout le monde a observé cette prodigieuse
faculté d'évocation, de création, que l'enfant
possède dès son premier âge. Il s'entoure de
tout un monde sorti de toutes pièces de son
cerveau, et il en peuple instinctivement sa soli-
tude.

« On ne peut nier, dit E. Legouvé, que les
enfants n'aient en eux les plus ingénieuses et les
plus fécondes ressources d'amusement. Qui de
nous ne s'est arrêté à contempler un enfant assis à terre et passant des heures entières à
creuser dans le sable un trou sans objet, sans
forme, sans fin (car il le recreuse toujours), et
attaché à cet ouvrage comme Archimède à son
problème. Que fait-il? à quoi songe-t-il? Que
se passe-t-il dans sa tête? Nul ne peut le dire;
lui-même ne le pourrait pas. »

Il ne le pourrait pas, sans doute. Mais s'il ne
le sait pas d'une façon distincte, il le sent et il
en jouit. En tout cas ce qu'il fait n'est pas inutile, soyez-en sûr. Qu'il ait seulement un cama-
rade avec lui, et il saura bien donner un nom

et un but à son entreprise. Quant à se rendre un compte exact des jeux qu'il invente et à analyser ses sensations, qui le lui demanderait? Ce besoin d'analyse, impitoyable maladie du cerveau de l'homme, nul ne peut le souhaiter à l'enfant.

Et pourtant Bébé ne manque pas de philosophie, c'est M. G. Droz qui nous l'affirme.

« Ce qu'il préfère, dit l'aimable écrivain, ce n'est point le joujou neuf, serait-il d'or ou d'argent; Bébé est philosophe. C'est le joujou brisé, le joujou intime qui a vécu avec lui ; le vieil ami qu'il a frappé, meurtri, qui s'est laissé ouvrir les flancs sans se plaindre, qui a écouté les confidences, qu'il a embrassé de ses deux lèvres roses en ses jours d'expansion et sur lequel ses chaudes larmes sont tombées, comme de grosses perles brillantes, à l'heure où il était ému. »

Michelet fait de son côté une observation que beaucoup de parents confirmeront et dont tous peuvent faire leur profit. « Les jouets d'art compliqués ne font qu'embrouiller l'esprit, dit-il. L'enfant adore les formes élémentaires, régulières, dont notre goût, trop blasé, ne sent plus assez la beauté.» Rien de plus facile que de satisfaire ce penchant naturel de l'enfant. « Avec quelques petits carrés de bois en forme de briques, il peut bâtir, édifier, faire des maisons, des ponts, des meubles, etc. J'ai sous les yeux un nourrisson qui a à peine dix-huit mois, et qui, dès qu'il a pu dresser deux des petits morceaux de bois, saisi de bonheur, joint les mains, admire, visiblement se dit en créateur : « Cela est bien. » Un autre, de deux ans et demi, plus fort dans cette architecture, appelle sa sœur à témoigner de son talent; il dit : C'est *petit* qui l'a fait ! »

Ces cubes, ou carrés de bois ont un autre avantage. Ils ne sont pas dangereux. Les jouets peints, mal vernis, parce que l'acheteur les veut à bon marché plus encore que parce que le marchand veut un trop gros gain, sont immédiatement portés à la bouche par les petits enfants; la salive délaie les couleurs, les bébés s'en barbouillent, en avalent, et il en résulte souvent des accidents d'empoisonnement toujours très graves, quand la mort n'est pas au bout. Les joujoux peints en rouge et surtout en vert et en bleu sont ceux qui offrent le plus de dangers.

Un médecin que j'ai déjà cité, le Dʳ Brochard, condamne aussi les fusils à capsules et autres engins explosifs. Il cite des cas assez nombreux où les débris de la capsule ont frappé l'enfant à l'œil, le blessant grièvement, et même l'aveuglant tout à fait.

Ces vues pratiques ne sont pas à dédaigner, ce me semble. Les accidents dont l'enfance est victime sont si multiples et viennent parfois de causes tellement inattendues, qu'on ne saurait trop se mettre en garde contre tous ceux qu'il est possible de découvrir et de prévoir.

A mesure que l'enfant grandit, ses jeux changent de caractère. Mais la transition se fait lentement, car il n'est pas rare de le voir garder une prédilection à demi honteuse pour les choses qui l'amusaient quand il était tout petit. Il la garderait plus longtemps, si les parents, toujours pressés de voir leurs rejetons faire ce qu'ils appellent des progrès, ne le raillaient pas d'une constance qui a son côté touchant. — « Fi donc ! C'était bon quand tu étais un petit bébé. Mais te voilà grand garçon. Tu n'y penses pas ! » — Et il a joliment raison de n'y pas penser, le petit homme. Il s'en apercevra bien assez tôt.

Quoi qu'il en soit, c'est le moment des jeux à tapage, des trompettes, des tambours, des attelages à grelots. C'est aussi le moment où l'enfant a besoin d'exercices violents, de courir, de sauter, de lutter. C'est pourquoi le philosophe Kant, qui ne trouvait pas un tel sujet indigne de ses méditations, proscrit trompettes et tambours, bons tout au plus à tromper l'activité de l'enfant et à étourdir toute la maisonnée ; tandis qu'il préconise, au contraire, le colin-maillard, la balle, la balançoire, le cerf-volant, et en général tous les jeux qui sont à la fois des exercices pour les muscles et pour les sens.

« Je me souviens encore avec émotion, dit E. Legouvé, de ces parties de barres du jeudi qui commençaient à une heure pour ne finir qu'à la nuit, et où pendant six heures, la tête en feu, le corps en eau, la chemise ouverte, courant, criant, haletant, rageant, triomphant, je tombais le soir, à l'heure du souper, sur le banc du réfectoire, épuisé, moulu et ravi ! »

Il y a longtemps que ce temps est passé et que les lycéens ne jouent plus, ni en promenade, ni dans les cours. Il le constate avec mélancolie et il en cherche la raison. « Les écoliers d'aujourd'hui ne savent plus jouer parce qu'ils n'ont pas de place. » Il est vrai que quand on a vu, dans certains lycées, les carrés de terrain enclos de murs à six étages où se promènent circulairement, aux heures de récréation, les deux ou trois cents élèves de l'école préparatoire, par exemple, on est de l'avis de M. Legouvé : les écoliers n'ont pas de place. Mais cet état de choses n'est pas général ; il devient l'exception, et on fait le possible pour le supprimer complètement. Eh bien ! quand ils ont de la place, les écoliers, d'un certain âge, du moins, ne jouent pas plus que quand ils n'en ont pas. Le saute-mouton, la balle à cheval, où deux partis fournissaient tour à tour chevaux et cavaliers, dessus et dessous, les barres, l'anguille et tant de jeux qui n'étaient pas encore complètement tombés en désuétude dans mon jeune âge, ne sont plus aujourd'hui que des légendes, si tant est qu'il en soit jamais question. Les billes ont survécu d'une vie pénible.

Mais cet exercice, qui consiste à s'accroupir à chaque minute dans un rayon de quelques mètres pour lancer sa bille avec le pouce, me paraît fort éloigné de l'idéal.

La vérité est que les enfants sont hommes trop tôt. De là le dégoût pour la vie d'enfant qui leur est extérieurement imposée. Les raisons de ce phénomène sont multiples et se rattachent à l'esprit général de la société contemporaine. Le régime de l'internat et les exigences des programmes ne sont pas de nature à modifier cette tendance. Mais, seuls, ils ne la créeraient pas. Depuis beaucoup d'années déjà il est de bon ton d'être blasé, sceptique, impassible et correct. Ces aimables qualités sont descendues des parents chez l'enfant; il n'y a point à s'en émerveiller.

On a cherché à remédier au mal par la gymnastique. Il n'y avait rien de mieux à faire, puisqu'on ne pouvait agir sur le fonds moral. Il semble qu'une réaction salutaire se prépare, et nous la devrons à l'anglomanie. À quelque chose malheur est bon, dit le proverbe. Les jeux de paume, de *fool-ball*, de *cricket*, de *lawn-tennis*, si populaires de l'autre côté du détroit et auxquels la jeunesse des deux sexes consacre, sans détriment pour sa culture intellectuelle, de longues heures et de temps en temps des journées, se propagent de plus en plus parmi nous. Les grandes personnes affectent de se passionner pour ces plaisirs. Faire partie d'un *athletic club* équivaut à un brevet de distinction. Ce goût, pour peu qu'il dure, — et tout fait présager qu'il durera, — pénétrera promptement dans les écoles, on peut y compter. Je fais bon marché, pour ma part, du ridicule qu'il y a à aller chercher chez les voisins ce que nous possédions si bien chez nous, et je n'hésite pas à dire très haut que ce sera pour nos enfants un grand bien.

La mode aura cette fois, nouvelle lance d'Achille, guéri les blessures qu'elle avait faites. Une fois n'est pas coutume.

CHAPITRE XIV

ENFANTS GATÉS

J'ai jusqu'ici tout accordé à l'enfance. Nul ne me reprochera de n'avoir pas proclamé ses privilèges et reconnu ses droits. Mais le plus sacré des droits de l'enfance, — je me suis efforcé de l'établir, — c'est de recevoir de ses parents une éducation qui lui assure tous les éléments de bonheur de la vie. Faire le contraire, se rendre heureux par ses enfants, au lieu de rendre ses enfants heureux par soi, c'est proprement œuvre d'égoïsme, inconscient ou non.

« Une mère faible, dit Herbert Spencer, qui prodigue sans cesse des menaces qu'elle n'exécute presque jamais, qui édicte hâtivement des ordres dont elle se repent à loisir, qui traite la même faute tantôt avec sévérité, tantôt avec indulgence, suivant que son humeur l'inspire, entasse toute une réserve de douleurs pour elle et pour ses enfants. »

Et ce n'est là qu'une mère faible ! Que dire de celles qui ne voient dans leurs enfants que des petits êtres dont elles peuvent jouer comme d'un singe ou d'un carlin, ou des objets propres à satisfaire leur vanité dans le monde ?

Une femme disait devant le poète lyonnais Joséphin Soulary : « J'aimerais mieux voir mon enfant mort que le savoir heureux en d'autres mains que les miennes. » Or, ajoute M. Soulary, cette mère, qui n'avait même pas allaité son enfant, n'affirmait ses droits sur lui que par de mauvais traitements et du mépris.

De tels monstres ne sont, heureusement, pas communs. Mais il y a des degrés, et il n'est pas nécessaire d'être une marâtre jalouse et féroce pour empoisonner à sa source la vie morale d'un enfant. Rien de trop, enseigne le fabuliste. Si, pourtant; il y a des mères trop bonnes, bonnes à en être — non pas bêtes, comme le veut le dicton populaire, mais corruptrices

et funestes pour leurs enfants. Ce sont là les
bonnes mères dont parle Mme E. de Girardin,
qui font les mauvaises éducations. On les éton-
nerait bien si on les accusait d'égoïsme, les
pauvres femmes. Et quoi ! Elles n'ont d'autres
plaisirs que ceux de leurs enfants; elles sacri-
fient aux caprices de ce petit monde toutes
leurs volontés, même leurs goûts, même
leurs autres devoirs; l'enfant est le maître, le
tyran, dans la maison comme dans leur cœur.
Et c'est cette abnégation entière et de tous les
instants qu'on appellerait de l'égoïsme !

Justement.

Elles aiment leur enfant pour elles-mêmes,
pour la douceur qu'il y a à l'aimer, à le satisfaire,
à le voir gai, à se priver pour lui donner, à se
contrarier pour satisfaire ses caprices. Elles
reculent devant la douleur qu'elles auraient à
entendre ces bouches roses crier, à voir ces
chers yeux pleins de larmes. Elles ressemblent,
dit rudement Charron, à ceux qui « craignent
d'empoigner par les cheveux celuy qui se noye
de peur de luy faire mal, et le laissent périr ».

Le résultat inévitable de l'amour maternel
ainsi compris est de développer chez l'enfant la

mollesse et l'orgueil. On fait de lui le centre
auquel se rapportent toutes les actions de ceux
qui l'entourent. Que deviendra un enfant
admiré, obéi, adulé de la sorte, sinon un être
incurablement égoïste et insupportable à tous?

« Que peut penser un enfant de lui-même
quand il voit autour de lui tout un cercle de
gens sensés l'écouter, l'agacer, l'admirer, attendre avec un lâche empressement les ordres
qui sortent de sa bouche, et se récrier avec des
retentissements de joie à chaque impertinence
qu'il dit ? La tête d'un homme aurait bien de
la peine à tenir à tous ces faux applaudissements ; jugez de ce que deviendra la sienne ! »(1)

Gâté, dans le langage enfantin ou dans le
langage appliqué aux choses de l'enfance, ne
veut pas toujours dire perdu, souillé, corrompu.
Il se rattache, par les fils invisibles d'une
dérivation mystérieuse, à l'art du pâtissier.
N'existe-t-il pas des papas et des mamans
gâteaux, ainsi appelés parce qu'ils ont toujours des madeleines et des biscuits plein leurs

(1) J.-J. Rousseau.

poches, ainsi que des sourires et de douces
paroles plein leur bouche, pour les petits
enfants qui ont été sages, ou même, après le
repentir, pour ceux qui ont été mutins? Ce
n'est réellement pas de ces gâteries-là que je
parle, bien qu'il faille prendre garde, autant
dans l'intérêt de la santé que du caractère,
de les trop multiplier ou de les pousser trop
loin.

La ligne de démarcation entre cette *gâterie*
aimable et innocente, et les pratiques contre
lesquelles je m'élève et par lesquelles on gâte
véritablement les enfants, est bien étroite et
bien facile à franchir. De fait, les meilleurs parents la franchissent plus d'une fois. Mais ils
s'en aperçoivent à temps pour revenir en
arrière, et, s'il y a du mal de fait, il n'a pu
pénétrer profondément et il sera réparé sans
peine.

Néanmoins c'est dès le premier âge, dès la
naissance, que l'enfant peut éprouver les mauvais effets de l'égoïsme des parents ou de leur
tendresse désordonnée. « On les étouffe d'em-
brassements ou bien on les écrase, dit Michelet en parlant des jeunes enfants. Ils pleurent,

ne savent ou n'osent rien dire. » Mais ces impétuosités malsaines, ces violences troublantes, font leur chemin dans la petite tête et lui donnent comme un avant-goût des orages intérieurs.

Quintilien, le fameux rhéteur de Rome, se plaint déjà de fautes analogues. « A peine sont-ils nés, dit-il, nous les amollissons par toutes sortes de délicatesses... S'il leur échappe quelque impatience ou quelques-uns de ces mots qu'on se permettrait à peine dans une orgie, nous accueillons toutes ces gentillesses d'un baiser. »

Tous les éducateurs savent combien ces premières impressions sont tenaces. Si vous courbez la plante quand elle commence à sortir de terre, comment la redresserez-vous plus tard ?

« Toute la vie de l'homme, dit A. Courtin, dans son *Art de bien employer le temps*, dépend absolument du tour qu'on luy donne dans son enfance... C'est une remarque que chacun fait tous les jours sans y penser, lorsque, par exemple, on se plaint d'un homme à un autre, et que l'on dit bien souvent, c'est un obstiné, c'est un intéressé : *Ah je le connois*, répond celuy à qui on parle, *nous avons étudié ensemble, nous avons esté tout petits chez un mesme maistre, il se battait des heures pour une pomme.* »

Le même vieil auteur raconte d'un style naïf cette amusante anecdote :

« Il y a des gens qui sçavent si peu se servir d'eux-mesmes, qu'il arriva il y a quelques années, qu'un jeune Seigneur de la première qualité allant à la promenade, surpris par la pluye se tourna vers son Gouverneur, et luy dit comme en pleurant : *Il me pleut dans la bouche.* L'autre lui répondit : *Fermez-la, Monsieur.* »

Voilà des défauts, il est vrai, dira-t-on peut-être ; mais ce sont, après tout, des défauts légers, et tels que l'enfant qui les a n'est pas irrémissiblement gâté. J'en conviens, et j'ajoute que c'est fort heureux ; car il est peu d'enfants qui y échappent tout à fait. Mais ce n'est pas une raison pour fermer les yeux. Petit défaut deviendra grand, pour peu qu'il rencontre de la complaisance ou de l'incurie. P.-J. Stahl, ce fin et délicat moraliste que les enfants aimaient tant parce qu'il les adorait et pour lesquels, sous son vrai nom de Hetzel, il éditait de si beaux livres, a écrit une page délicieuse sur les petits défauts. On me saura gré de la transcrire.

« Il ne faut pas mépriser les petits défauts. Il n'est si petit ennemi qui ne puisse nuire à la longue...

» La vanité passe pour être un petit défaut. Pas si petit ! car elle ment toute la journée. Quand vous faites une faute, qui est-ce qui, au lieu de l'avouer, la nie ? C'est elle. Quand un autre fait mieux qu'elle, qu'est-ce qui refuse de confesser son infériorité, et de reconnaître la supériorité d'autrui ? C'est elle encore.

» Le mensonge est donc le fils de la vanité, et en ligne droite ; malheureusement ce n'est pas le seul enfant qu'elle ait. Je lui vois en outre deux filles, toutes deux pires l'une que l'autre ; la jalousie et l'envie d'où naît fatalement la haine, mère à son tour de bien des crimes. Que dites-vous de notre petit défaut et de sa jolie progéniture ?

» Un petit défaut n'est jamais seul, un petit défaut a toujours une famille ; il n'est jamais garçon ; il pullule comme les rats, il n'en faut qu'un pour remplir toute la maison. Si donc ce n'est pas pour lui, c'est tout au moins pour sa postérité qu'il faut le craindre...

» Ce qui fait l'extrême danger des petits défauts, c'est leur ténuité même, c'est leur air d'innocence : les gens qui ne les voient qu'en passant les classent volontiers au nombre des défauts qui ont leur grâce, au nombre des défauts *aimables*. S'ils avaient à faire ménage avec eux, ils changeraient bientôt d'opinion et les redouteraient à l'égal de la peste.

» Soyez indulgents aux petits défauts de vos amis, si vous pouvez les réformer; mais aux vôtres, qui sont toujours sous votre main, croyez-moi, soyez implacables. La rouille vient à bout de l'acier le mieux trempé. Le taret, qui est un bien petit insecte, a mis vingt fois la Hollande en danger en perçant ses digues, — les plus fortes du monde. »

Voilà des conseils dont bien des enfants peuvent faire leur profit. Mais ne s'adressent-ils pas indirectement aux parents eux-mêmes, souvent trop lents à sarcler cette mauvaise herbe des petits défauts, et quelquefois les premiers à la semer?

Les petites filles tombent fréquemment dans un défaut que l'on confond d'ordinaire avec la vanité parce que c'est toujours la vanité qui le produit, dans l'affectation. Or « quoi de plus contraire à la nature de l'enfance que l'affectation? s'écrie M. Paul Janet. L'enfance a des grâces naturelles; qu'a-t-elle besoin de grâces apprises et composées? » Certes, elle n'en a nul besoin; mais quand les fillettes singent leurs mamans, les mamans sourient et poussent des exclamations. Les petits êtres sentent qu'on les approuve, qu'on les admire; on a alors ce spectacle journalier, qu'un philosophe déclare le plus choquant qu'on puisse voir, d'enfants qui ont les manières, les mines, les phrases et les toilettes des grandes personnes.

Mme de Rémusat raconte qu'un jour, dans une allée de promenade publique, elle entendit une demoiselle d'une dizaine d'années en complimenter une autre sur sa robe neuve et richement brodée. « Oh! dit la jeune élégante d'un ton modeste en étalant négligemment les broderies de son corsage, cela est pourtant bien simple! » Cette personne amie de la simplicité n'avait pas encore huit ans.

Quand les mères sont coquettes et affectées, comment les filles ne le seraient-elles pas ?

Ce défaut se manifeste autrement chez les garçons; mais ils n'en sont pas exempts. C'est proprement la fleur de l'éducation chez l'enfant gâté. Vilaine fleur, comme peut en porter seulement une mauvaise tige.

Colin d'Harleville a tracé en quelques vers le portrait de ces enfants gâtés arrivés à l'adolescence :

> Êtres inconséquents, neufs, blasés et flétris,
> Tels que des fruits sans goût, avant le temps mûris,
> À quinze ans les voilà déjà de petits hommes,
> Plus forts, même plus vieux que tous tant que nous sommes.

C'est de quoi faire dire à toutes les mères raisonnables ce que Balzac met dans la bouche d'une jeune mariée :

« Quand, dès quinze ans, un enfant a l'assurance d'un homme qui connaît le monde, il est une monstruosité, devient vieillard à vingt-cinq ans, et se rend par cette science précoce inhabile aux véritables études sur lesquelles reposent les talents réels et sérieux... Une mère doit donc, en gardant ses enfants, prendre la ferme résolution de les empêcher de pénétrer dans le monde, avoir le courage de s'opposer à leurs désirs et aux siens, de ne pas les montrer. Cornélie devait serrer ses bijoux. Ainsi ferai-je, car mes enfants sont toute ma vie. »

CHAPITRE XV

AMOUR-PROPRE ET INTÉRÊT

Lorsque Guizot, au début de sa carrière, rédigeait les *Annales de l'Éducation*, il a écrit cette phrase : « Malheureusement on gouverne les enfants, comme les hommes, plutôt par leurs défauts que par leurs qualités : veut-on les faire obéir? on se sert de leur faiblesse ; s'agit-il de leur faire remplir une tâche ? on emploie toutes les séductions de l'intérêt. »

Malheureusement, en effet. Les défauts chez les enfants doivent être combattus et extirpés. Chez les hommes, où ils ont poussé de telles racines qu'il ne peut plus être question de les enlever, qu'on en tire parti, si l'on peut, je le comprends. Je comprends même que cette méthode démoralisante s'impose jusqu'à un certain point au maître qui a à conduire et à instruire un grand nombre d'enfants à la fois, sans avoir le temps ni les moyens de faire agir sur chacun d'eux en particulier son influence personnelle, et de s'emparer des ressorts nobles et généreux de tous ces jeunes esprits.

Mais avoir recours à de tels moyens quand on n'y est pas absolument forcé, dans l'éducation particulière ou dans l'éducation de famille, si c'est un malheur pour l'enfant, de la part des éducateurs, c'est un crime.

Cependant, pour suivre Guizot jusqu'au bout, et ne pas faire porter à faux notre indignation — sentiment qui, d'ailleurs, ne risque pas de chômer, — il serait bon de savoir si la faiblesse de l'enfance, d'un côté, et le sens de l'intérêt personnel, de l'autre, sont en soi deux défauts.

Je n'en crois rien.

L'enfant est faible : c'est la condition même de son âge et de son degré de développement. S'il obéit parce qu'il se sent en présence d'une force physique et morale supérieure, je ne vois

rien là que de sain et d'élevé. — Je ne m'arrête
pas à l'hypothèse de la brutalité employée pour
le contraindre. Un tel moyen serait encore
plus avilissant pour celui qui l'emploierait que
pour celui qui y serait soumis. Mais il ne me
paraît pas que, dans le passage en question,
Guizot y ait seulement songé.

Quant à être sensible à l'intérêt personnel,
quoi de plus naturel, de plus nécessaire et,
partant, de plus légitime? Qu'est-ce que l'instinct de la conservation, sinon la primordiale
et irréductible manifestation de l'intérêt personnel. C'est là un mobile qui n'a rien de blâ-
mable, pourvu qu'on n'en corrompe pas la nature et qu'on le maintienne à son rang. L'homme travaille par intérêt, en vue du profit qu'il
en retirera, pour lui et pour les siens. Rien n'est
plus conforme au devoir et à l'honneur. Pourquoi
le même principe d'action qui est bon chez
l'homme, serait-il mauvais chez l'enfant?

Le même écrivain me semble avoir poussé
plus finement son analyse lorsqu'il a dit
« Dans l'enfance, tous les sentiments désinté-
ressés sont des plantes délicates qu'il faut cultiver avec soin, n'exposer d'abord au souffle

d'aucun orage : elles devie ndront peut-être des arbres vigoureux ; mais si l'on exigeait de trop bonne heure qu'elles portassent des fruits, qu'elles résistassent aux vents, on les verrait ou périr, ou prendre une fausse direction, ou s'arrêter dans leur croissance. Ne négligez rien pour faire naître dans ces jeunes cœurs, la bonté, la générosité, le dévouement ; mais laissez ces belles vertus se développer d'elles-mêmes ; ne cherchez pas à en jouir trop tôt en les obligeant à un exercice précoce. »

Ce n'est pas que je croie qu'il soit bon de faire de l'intérêt le levier unique ou même principal dans l'éducation des jeunes enfants. Comme l'auteur des *Devoirs des mères*, « je désapprouve de toutes mes forces l'usage trop général de payer, de corrompre pour ainsi dire, un enfant pour l'engager à bien faire, et je pense que cela doit avoir les plus fâcheuses conséquences (1). »

Mais sans entrer avec lui en un marché où les parties contractantes ne seront jamais égales, puisque je peux limiter ou étendre mes

______

(1) L. Ayma.

offres à mon plaisir, tandis que, s'il est libre
de les refuser, il ne l'est pas de ne pas accomplir la tâche que je lui impose, — n'est-il pas possible de lui faire comprendre qu'il a intérêt à
remplir son devoir, parce que du devoir rempli
découle toujours pour lui quelque bien ? Je
ne dirai pas à mon fils : « Fais cela, et demain
tu viendras à la campagne avec moi. » Je lui
dirai : « Voilà ce qu'il faut que tu fasses, » en
lui en donnant la raison, si je le juge capable
de la comprendre. Et quand ce sera fait, je lui
manifesterai le plaisir qu'il m'a procuré en lui
en procurant un à mon tour.

Ceci n'est qu'un exemple pris à la hâte et au
hasard. On trouvera mille moyens de mettre en
œuvre cette idée, suivant les circonstances et
le caractère des enfants.

Il y a deux choses à observer avec soin. En
premier lieu, ne jamais se laisser tyranniser
par l'enfant, même lorsqu'il est tout petit. Si on
lui cède, il se rend immédiatement compte du
pouvoir de ses cris et de ses importunités, et,
au moindre caprice, ce sont des vacarmes et
des tempêtes. « Quand un enfant s'imagine,

par un sentiment de son importance, qu'à force
de pleurer ou de crier il peut obtenir ce qu'il
veut, le seul moyen de le faire renoncer à ses
prétentions, c'est de n'y faire aucune attention
et d'abandonner à lui-même l'enfant révolté,
jusqu'à ce que l'accès d'opiniâtreté soit passée (1). »

En second lieu, éviter soi-même tout ce qui
ressemble à l'arbitraire et à sa tyrannie, et n'or-
donner que le moins possible. Amenez l'enfant
à vouloir ce que vous voulez ou ce qu'il est nécessaire qu'il fasse. « Rien ne vous sera plus
aisé que de lui faire naître des volontés, quand
vous n'aurez pas commencé par les lui pres-
crire (2). » Ménagez votre autorité, et, à
moins d'urgence ou d'impossibilité de faire autrement, n'imposez rien. Traitez l'enfant de très
bonne heure comme un être actif, libre et responsable. Le meilleur moyen de développer
promptement en lui des qualités, c'est de lui
témoigner que vous croyez qu'il les a.

« Je regardais comme une chose de la plus

(1) L. Ayma.
(2) Mme Guizot.

haute importance, dit William Cobbett, de faire prendre aux enfants l'habitude de se lever matin... Cette habitude exerce une grande influence sur la *santé* et sur l'application. Ici encore je *n'ordonnais rien ;* j'offrais simplement *une récompense.* L'enfant qui descendait le premier avait l'honneur d'être appelé l'*Alouette* pendant la journée, et de plus il avait celui de s'asseoir à ma droite au dîner. Mes enfants s'aperçurent bientôt que pour pouvoir se lever matin, il faut *aller se coucher de bonne heure,* et il en résulta que les filles comme les garçons eurent bientôt pris cette excellente habitude. »

Il y a là récompense promise, mais point de contrat forcé. La liberté de l'enfant est respectée jusqu'au scrupule. Il en est de même dans le cas rapporté par Egger d'un tout jeune enfant qui savait tous les chiffres, mais qui ne pouvait parvenir à dire *trois.* On lui promit une récompense s'il le disait. Au bout de quelques jours et lorsqu'on n'y pensait plus, on le surprend qui s'exerce dans un coin. On se garde de le déranger, et bientôt il arrive, triomphant et répétant : Trois, trois, trois. Si l'on avait oublié alors de lui donner la récompense promise, on lui eût fait bien du mal.

J'ai vu, dans une occasion semblable, un père, qui certes était plein d'amour pour ses enfants, mais qui était imprudent et emporté, frapper sa petite fille, lui tirer violemment l'oreille sans parvenir à lui faire prononcer le chiffre malencontreux où elle s'était butée. Après l'avoir martyrisée plus d'une heure, il dut renoncer à l'entreprise et s'avouer vaincu. C'est que, comme le dit le Père B. Lamy, « il y a des temps d'opiniâtreté où un enfant se ferait plutôt tuer que de plier. C'est être bien cruel ou bien imprudent, que de ne pas laisser passer ce mauvais temps. »

Chez les anciens Mexicains ou Aztèques, chaque fois qu'un enfant était convaincu de mensonge, on lui piquait la langue avec des épines. On peut s'adresser à l'intérêt personnel par le châtiment comme par la récompense, faire comprendre à l'enfant qu'une action est mauvaise par les mauvaises conséquences qu'elle amène, et qu'une action est bonne par le bon résultat qui la suit. Ici, c'est la partie même qui a été l'instrument de la faute coinmise qui est châtiée. Ce genre de justice est propre à frapper l'imagination de l'enfant.

Inutile de dire que, je ne rapporte ce trait que comme un exemple de pédagogie exotique et archaïque, sans engager personne à le renouveler.

Les historiens racontent que le premier Consul, visitant le lycée Louis-le-Grand, qui portait alors le nom de Prytanée français, donna une pension de cent écus au seul élève qui put lui citer la date de la bataille de Marathon. Aujourd'hui tous les élèves de sixième gagneraient la pension, et plus d'un rhétoricien la laisserait échapper. Mais voilà un illustre exemple du principe des récompenses appliqué à l'instruction. Cette anecdote, du reste, est de nature à suggérer bien des réflexions diverses qui seraient hors de leur place ici. Elles se présenteront d'elles-mêmes à l'esprit du lecteur.

Il n'est pas de maison d'éducation où les récompenses, prix, sorties, ordres du jour, bons points, ne soient organisées en un système complet, tant elles répondent à un besoin de la nature des enfants. Nous autres hommes, qui prisons si haut les croix, les médailles, les titres, les préséances, les distinctions de toutes sortes, nous aurions vraiment mauvaise grâce à nous étonner.

Un mobile très puissant pour l'éducation des enfants, c'est l'amour-propre, avec son dérivé, l'émulation.

La vanité n'est autre chose que l'amour-propre mal placé; de même que l'émulation mal entendue devient la jalousie. La plupart des défauts ne sont que des qualités dépravées.

C'est pourquoi la prudence, le bon sens et le tact sont si nécessaires aux personnes qui ont à former l'enfance.

Egger cite à ce propos un fait bien caractéristique. « Quand la volonté paternelle l'emporte, celle de l'enfant est quelquefois ingénieuse à dissimuler sa défaite. Pendant plusieurs jours, Félix, âgé de sept ans et trois mois, refusait absolument de boire certain sirop hygiénique ; le jour où il s'y est résigné, il a supplié qu'on n'en dît rien à son père, et il ne souffrait pas qu'on lui fît compliment de son courage. Il se voyait vaincu, et sa défaite l'humiliait plus qu'il ne sentait le mérite de son obéissance. Les premiers maîtres de l'enfance ont souvent à composer avec ces ruses d'un orgueil qu'il est prudent de ne pas heurter à tout propos. »

Ce sentiment de l'amour-propre est un des premiers à s'éveiller chez les enfants. « Déjà à dix ou douze mois, dit Mme Necker de Saussure, quand ils sont parvenus à se relever devant une chaise, ils crient, ils se trémoussent jusqu'à ce que nous les ayons remarqués ; la joie du triomphe se peint dans leurs yeux, et nos applaudissements les rendent tendres et caressants. »

L'auteur d'un traité d'éducation, l'abbé Balme-Frézol, consigne une observation, que tout le monde a pu faire. « Lorsqu'un enfant souffre avec impatience quelque assujettissement, lorsqu'il subit de mauvaise grâce quelques apprêts de toilette, quelques soins de propreté, etc., il suffit de citer un enfant aussi jeune ou plus jeune que lui qui, dans ces circonstances, ne pleure jamais ; l'enfant tarit aussitôt ses larmes ; il devient docile, et quelquefois il ajoute : *Je suis bien aussi sage que le petit enfant.* »

Je connais une petite fille qui n'aime pas

toujours la soupe. « Ah ! fait la maman. C'est la petite fille de la concierge qui mange bien sa soupe, elle ! Si Bébé ne veut pas de la sienne, je vais appeler la petite fille de la concierge. Elle l'aura bien vite mangée. » Mais Bébé ne veut pas faire moins que la petite fille de la concierge ; et elle avale sa soupe jusqu'à la fin.

Est-ce amour-propre ou imitation ?

Balme-Frézol y voit l'instinct d'imitation. Je ne suis pas de son avis, et il me semble bien plus facile de rattacher de tels effets à l'amour-propre.

Tout le monde sait que l'émulation est un incitateur énergique. C'est une des raisons que font valoir ceux qui préfèrent l'éducation publique à l'éducation de famille. Il n'est pas démontré qu'on ne puisse, même dans la famille, se servir de ce levier ; c'est une question qui reviendra. Mais il y faut de grandes précautions et des circonstances favorables. Car, ainsi que le dit très bien Guizot, « *l'émulation d'un à plusieurs* est la seule dont on n'ait rien à craindre ; tandis que l'*émulation d'un à un* est toujours accompagnée de beaucoup de dangers et de mauvais résultats. »

On se gardera donc d'opposer deux frères ou même deux camarades l'un à l'autre, d'en prendre un pour modèle et d'humilier l'autre par la comparaison. C'est le plus sûr moyen de faire naître un mauvais orgueil dans le cœur de l'un, et la jalousie et la haine dans le cœur de l'autre.

L'auteur d'un vieux livre gothique, qui s'appelle *La Civilité puerile et honneste*, et qui contient un chapitre intitulé : *Comment se doivent gouverner ceux qui ont charge d'enseigner les petits enfans*, savait déjà tout ce que l'on peut obtenir de l'intérêt et de l'amour-propre combinés, si l'on en croit ces vers naïfs et sages, par lesquels il débute et que je lui emprunte pour ma conclusion :

> Enfans qui avez bon courage,
> Perseverez de bien en mieux,
> Vous acquerrez un heritage,
> Dont serez en tous temps joyeux :
> Car quand viendrez a estre vieux,
> Lors jouyrez en grand liesse,
> Du fruict plaisant et gracieux,
> Des labeurs de vostre jeunesse.

CHAPITRE XVI

SENTIMENT ET RAISON

En même temps que l'amour-propre et l'intérêt personnel, s'éveillent chez l'enfant la raison et les facultés affectives qu'on désigne du nom générique de sentiment. Egger, dont j'aurai souvent à citer le très intéressant mémoire sur le développement intellectuel et moral des enfants, dit très bien :

« Quand nous appelons l'enfant *un petit homme*, nous disons vrai ; la vie est complète dès ce premier âge ; ni l'adolescence, ni la maturité n'apporteront rien d'essentiel à son être moral ; elles n'introduiront dans sa raison aucun principe nouveau, dans son intelligence aucune faculté nouvelle. »

Le philosophe Paul Janet confirme en d'autres termes et en se plaçant à un autre point de vue, ces paroles d'Egger, quand il définit l'enfant « une personne qui s'ignore. L'enfant aime sans savoir ce que c'est qu'aimer ; il a des aversions, sans savoir ce que c'est que haïr. » Et combien de grandes personnes ne sont pas plus avancées ! Est-il même bien sûr que les philosophes les plus profonds et les plus subtils connaissent dans tous leurs replis l'amour et la haine ? Mais je ne cherche point de querelle, et je me contente de constater ce dont tout le monde tombe d'accord, que le sentiment naît chez l'enfant presque en même temps que la sensation.

Je ne referai pas le tableau du nourrisson dans les bras de sa mère, où il est si bien, et qu'il aime de toutes ses petites forces, manifestement. Je ne rappellerai pas ces pauvres petits mourant à l'hospice du chagrin d'avoir perdu le sein maternel. J'ai déjà parlé de cet enfant dont saint Augustin nous dit : « J'ai vu un enfant jaloux ; il ne savait pas parler, et déjà, avec un visage pâle et des yeux irrités, il regardait l'enfant qui tétait avec lui. » On n'est jaloux que de ce qu'on aime, s'il faut en croire le proverbe.

« La tendresse, dit madame Necker, est la chaleur nécessaire pour le développement des germes heureux. » Le premier germe qui éclôt sous cette douce chaleur c'est, dans le cœur du petit être, une tendresse réciproque. Qui n'a pas observé la sympathie et la confiance spontanées, tout intuitives, que les petits enfants ont pour les personnes qui les aiment? L'âge, ni la barbe, ni les lunettes n'y font rien, quoi qu'on dise. Tel vieillard ne sera pas plus tôt dans une maison où il y a des enfants, qu'ils se pendront tous en grappes sur ses genoux et, s'il ne se défend pas trop, jusque sur ses épaules ; tel charmant homme, au contraire, souriant, aimable et vainqueur, ne leur fera qu'à grand'peine accepter un bonbon de sa main. Le vieillard les aime ; son vieux cœur s'échauffe et se rajeunit auprès d'eux. Le beau monsieur les flatte pour faire la cour aux parents, mais rien ne l'agace comme la marmaille, et il se dit, à part lui : Les vilains singes !

L'enfant sent cela d'un flair infaillible,

comme le font aussi le chien et le chat. Il y aurait bien des observations curieuses à prendre sur les analogies qui se montrent entre l'instinct des animaux les mieux domestiqués et l'intelligence des petits enfants. Le plus haut degré d'éducation auquel atteignent les uns est à peu près le point de départ de l'éducation des autres.

La sensibilité est extrême dans le jeune âge. « Chagrin d'enfant et rosée du matin n'ont pas de durée », a dit George Sand. Mais ni la rosée n'en est moins fraîche, ni le chagrin moins vif. Aussi faut-il tenir grand compte de cet avertissement d'une autre femme de moindre génie, assurément, mais, si je ne me trompe, meilleure éducatrice: « Les mécomptes sont extrêmement sensibles aux petits enfants ; c'est là une source de larmes amères (1). » Les larmes sèchent vite, il est vrai ; mais l'impression reçue ne s'efface pas autant qu'on le croit ; elle ressemble à ces empreintes faites au fer rouge sur la chair ; au bout d'un certain temps elles semblent avoir disparu,

(1) Mme Necker de Saussure.

mais il suffit d'un choc pour les faire surgir à fleur de peau. J'en ai déjà rapporté des exemples.

« Ne vous fâchez jamais ni contre l'enfant ni en sa présence, dit encore Mme Necker. Jusqu'à l'âge de trois ou quatre ans, la plus vertueuse indignation ne sera que de la colère à ses yeux. »

Et William Cobbett : « Soyez toujours de bonne humeur avec eux, et prouvez-leur que vous préférez leur société à toute autre. » Ils préféreront aussi la vôtre, car l'enfant a le cœur honnête et de fidèle écho.

Qu'on ne craigne pas de montrer à l'enfant qu'on l'aime d'un amour profond et fort. C'est le meilleur moyen de prendre de l'influence, d'asseoir son autorité sur cette jeune âme. Socrate rendit un jour un jeune homme à son père, en lui disant : « Je ne puis rien lui enseigner, il ne m'aime pas. »

« On craint toujours d'offenser ceux que l'on aime ; on se plaît quelquefois à offenser ceux que l'on craint (1). »

Cette maxime, que je trouve dans un livre

(1) Mme Necker de Saussure.

du siècle dernier, n'est pas moins vraie pour les enfants que pour les hommes. Quel plus grand plaisir que de faire une farce à un maître redouté et haï? Quel enfant n'a pas résisté des milliers de fois à une tentation en songeant qu'y céder ce serait aller contre les conseils de sa mère et de son père, les deux êtres qu'il aime, et leur causer du chagrin?

On aurait grand tort de chercher à émousser chez l'enfant cette sensibilité exquise, de l'en reprendre, ou de s'en moquer. Plus elle est délicate, et plus elle annonce une nature généreuse. « Une petite fille, à laquelle on s'était vu obligé de couper la jambe, avait subi toute l'opération sans proférer une seule plainte, en serrant étroitement sa poupée dans ses bras. *Je m'en vais, à présent, couper la jambe à votre poupée*, lui dit le chirurgien en riant, quand il eut achevé l'opération ; la pauvre enfant, qui avait tant souffert sans dire mot, à ce propos cruel fondit en larmes (1). »

Je ne connais rien de plus touchant. Cette petite fille avait en elle de quoi faire une héroïne de courage et de charité.

(1) Mme Necker de Saussure.

Au point de vue exclusif de l'éducation, cette faculté de sentir, si vive et si spontanée, est un instrument admirable avec lequel, sans le moindre effort, on produit presque toujours d'excellents effets. « Il faut habituellement dire *tu* à ses enfants, afin de pouvoir leur dire *vous* quelquefois, » lisons-nous dans Legouvé. Et il appuie son précepte d'un exemple : « J'ai vu un enfant qui se roidissait contre les remontrances et les menaces, et que ce seul mot *vous* sorti des lèvres de sa mère, fit fondre en larmes. »

J'ai recueilli, je ne sais plus où, peut-être encore dans Legouvé, une anecdote que je veux reproduire. Un matin un père dit à son fils : « Si le temps continue à être beau, tu monteras sur le cheval gris, après dîner, et nous irons ensemble à la ville. » Grande joie de l'enfant, qui, à l'heure dite, se présente tout équipé, avec son pardessus. La mère lui fait remarquer que le temps menace. — « Bah! dit le petit garçon. Une averse! Qu'est-ce que c'est que ça? » — Le père arrive et secoue la tête. — « Tu pars, papa, n'est-ce pas? » — « Oui, parce que j'ai affaire; mais je crois qu'il vaut mieux que tu restes. » —L'enfant proteste.

Quand même il pleuvrait, un peu d'eau ne peut certainement lui faire aucun mal. « Si, reprend le père, je crois qu'un peu de pluie suffirait à te faire du mal, car tu n'étais pas bien ces jours-ci. Je crois d'ailleurs qu'il ne pleuvra pas rien qu'un peu. Mais tu feras ce que tu voudras. J'ai confiance en ta raison. Je te dirai seulement que, si tu viens, ta mère sera inquiète, et qu'elle et moi nous pensons qu'il vaut mieux que tu restes. Maintenant décide. » — Le charmant enfant hésita peut-être un peu, mais pas longtemps, et il alla dire au domestique de ne pas seller le poney.

Les leçons ainsi données et reçues sont les meilleures. On élève l'âme de l'enfant, et on conserve à ses yeux tout le prestige de la bonté unie à la raison. « Enjoindre impérativement à un petit enfant d'exécuter un ordre qui lui répugnerait, serait compromettre inutilement notre autorité mal affermie, » remarque fort justement Mme Necker de Saussure.

C'est uniquement de ce principe de liberté et de persuasion que W. Cobbett fit découler l'éducation de ses enfants, comme il nous l'apprend dans ce passage :

« Tous mes enfants ont de *l'instruction*, chacun selon son individualité, et pourtant je puis faire le serment que je n'ai jamais *ordonné* à un seul de mes enfants, fille ou garçon, *d'ouvrir un livre*... Mes enfants n'ont jamais eu de *maîtres* d'aucune espèce ; ni moi ni aucun autre ne leur avons jamais appris à lire ou à écrire, ou quelque autre chose, autrement qu'en *causant avec eux*, et cependant il n'y a pas d'homme qui ait désiré plus ardemment que moi d'avoir des enfants instruits et habiles. »

On a remarqué que c'est une mauvaise pratique que de trop vanter les plaisirs de l'étude aux enfants. On ferait mieux de leur rendre l'étude intéressante et amusante sans le leur dire ; ils s'en apercevraient bien. S'ils y bâillent, au contraire, et que vous leur fassiez par là-dessus une harangue pour leur enseigner que c'est là qu'on trouve les plaisirs les plus fins et les plus élevés, que voulez-vous que fassent les petits malheureux ? Ils bâilleront une fois de plus, j'en ai peur.

D'autrefois, on fait directement appel au sentiment pour persuader à l'enfant de s'appliquer d'avantage à ses études. « C'est pour me faire plaisir, dit la mère en l'embrassant. Tu ne voudrais pas me faire du chagrin, et tu m'en ferais beaucoup si tu n'étudiais pas. » Mais « rien ne dessèche le sentiment comme la vue d'un chagrin qu'on ne comprend pas. Il n'est pas possible à l'enfant de concevoir quel plaisir il nous fait quand il étudie, et dès lors tous nos soupirs sont perdus (1) ».

Il serait plus profitable d'exciter leur curiosité, d'utiliser cet incessant besoin d'activité qui est pour l'enfant « la source de ses jouissances les plus vives ». S'il m'est permis de rappeler encore un souvenir personnel, c'est ainsi que, dès mon très jeune âge, j'acquis des notions nettes et justes sur l'antiquité. Mon père me prenait par la main et nous allions nous promener dans les prés, sous les grands arbres qui ombragent l'Oudon; il me faisait raconter, en cheminant, ce que j'avais lu dans un vieux livre à images sur les héros grecs et leurs légendes, et il ajoutait, expliquait, de sa parole chaude et bonne qui s'imprimait dans

(1) Mme Necker de Saussure.

ma mémoire parce qu'elle me touchait le cœur. Cette étude-là ne m'ennuyait pas, croyez-le. Et aujourd'hui, arrivé dans la vie à plus de mi-chemin, je retrouve en moi les traces de cet enseignement paternel avec une indicible et reconnaissante émotion.

Je sais bien que ce moyen ne suffit pas et qu'on ne peut pas toujours l'employer. On a alors recours aux mobiles comme l'amour-propre, les récompenses, les punitions qui sti-mulent l'intérêt personnel, en ayant soin que les récompenses ne soient pas un paiement et que les punitions ne tombent jamais à faux, — enfin la raison.

« En appeler à la raison d'un enfant, c'est presque toujours lui donner envie d'en avoir »; a dit judicieusement Mme Guizot.

— Mais la raison vient très tard aux enfants. Elle n'apparaît guère que vers la septième année, qu'on a appelée pour cela l'âge de raison. — Croyez-vous cela ? Veuillez prendre la peine de lire cette série d'observations, que j'emprunte à M. Egger et que toute personne vivant avec des enfants peut facilement renouveler.

« On ferme pour la nuit les volets d'une

fenêtre; *nuit* et fermeture *des volets* sont deux idées qui s'unissent dans l'esprit de l'enfant. (Petite fille, 3 ans 1/2.) Il entre le matin dans un cabinet qui a deux fenêtres, l'une au levant, l'autre au nord; cette dernière est encore bouchée par les volets; l'enfant dit qu'il fait encore nuit de ce côté-là.

« Quel âge as-tu? » Je lui suggère de répondre « Trois ans et dix mois. » Il ne comprend pas cette réponse, et il dit avec un air d'étonnement : « J'ai donc deux âges? »

» En général, c'est vers l'âge de deux ans seulement que j'ai vu l'enfant employer avec discernement les pronoms personnels et les pronoms possessifs.

» Entre quatre et cinq ans, la faculté du raisonnement me paraît faire des progrès rapides.

» A cinq ans et demi, le fils d'un savant grammairien dit à son père : « Mais il y a des » verbes féminins! — Comment? — *Pondre* est » un verbe féminin; on dit toujours, *elle* pond; » on ne dit jamais : il pond. »

» Il prend à chaque instant le signe pour la chose signifiée... On m'a conté qu'un enfant élevé dans une maison religieuse donnait un

jour cette définition de la *méditation* : « On va
» à la chapelle, on se tient comme cela, sans
» bouger, et on ne pense à rien. »

» A sept ans, il cherchait un jour avec moi un
objet perdu ; comme nous ne parvenions pas à
le retrouver, il me dit : « Pourtant quelque
» chose est toujours quelque part. »

» Un enfant demandait devant moi *ce que c'est
qu'une heure* (on était en chemin de fer et on
parlait de la durée du voyage). « C'est le temps
d'une classe, » répond la mère sans hésiter... *Réalisée* ainsi, l'abstraction était devenue assez
claire pour l'enfant, qui n'en demanda pas davantage. »

On me dira que ce n'est pas là la raison de
Pascal et de Leibnitz. En est-on bien sûr ? J'affirme, au contraire, que c'est la même, et qu'il
n'y a qu'une différence de degré.

« La raison est pénible au jeune homme, à
l'homme fait ; comment serait-elle agréable à
l'enfant ? » demande un philosophe(1). Ce n'est
pas volontiers que je ne souscris point à une
opinion si autorisée, mais enfin j'ai peine à

(1) Paul Janet.

croire que la raison soit désagréable à personne. Il y a souvent conflit en nous entre la raison et des désirs plus ou moins avouables, plus ou moins opportuns : c'est ce qu'on appelle la lutte entre la raison et les passions, et ce qui fait le fonds des tragédies. Mais si l'on peut dire que la raison est désagréable à l'homme parce qu'elle s'oppose à ses passions, on dirait avec autant de justesse que les passions sont désagréables à l'homme parce qu'elles contrarient sa raison. Que lui resterait-il donc d'agréable, à l'infortuné ? — La mort, répond Schopenhauer. — Ce n'est pas assez, ou c'est beaucoup trop, même pour les pessimistes, qui ne sont friands de cet agrément qu'en paroles, et qui ne courent après qu'avec la ferme intention de l'attrapper le plus tard possible. Quant à moi, je suis, au contraire, convaincu que la raison plaît à tout le monde. Sentir en soi la raison victorieuse de la passion, et arriver par la raison à la claire compréhension d'un problème, constituent, à mon humble avis, deux des plus pures et des plus profondes jouissances qu'il soit donné à l'homme de goûter.

L'enfant n'est pas autrement que l'homme, et la raison a pour lui les mêmes attraits. On lit dans *Les Devoirs des Mères :* « Nous devons avoir remarqué que les enfants aiment qu'on leur enseigne une chose importante, et qu'ils ne sont jamais plus heureux que quand on leur donne une occupation qui semble les placer au-dessus de leur âge. En effet ils ont plus de réflexion, de mémoire et d'habileté qu'on ne leur en suppose. »

M. Paul Janet lui-même en convient, lorsqu'il dit :

« Ne pas supposer l'enfant plus raisonnable qu'il n'est, est un grand point, mais savoir démêler toute la raison qu'il a n'est pas moins essentiel. »

La raison de l'enfant, sa logique naturelle, souvent embarrassante par sa naïve rigueur, se manifestent à chaque instant dans les questions qu'il fait à propos de tout. Il faudrait tâcher d'y répondre simplement et clairement, sans le rebuter ni s'impatienter. Encore vaudrait-il mieux lui dire, à l'occasion : « Je ne sais pas, » que de s'en débarrasser par un refus brutal ou par une explication fausse. L'une de ces deux dernières méthodes est indigne de parents tendres et d'un éducateur sérieux. La seconde, commode, qui satisfait l'enfant sur le moment et semble sauvegarder le prestige du maître, est peut-être plus dangereuse encore. « L'imagination de l'enfant le pousse si bien à la crédulité, en même temps que son cœur le pousse à la confiance, que tout ce qui est extraordinaire, et qu'on lui présente comme vrai, lui semble promptement vraisemblable. » Il acceptera tout ce que vous lui direz. Mais un jour viendra, tôt ou tard, où il s'apercevra que vous l'avez trompé; et alors, tout s'écroulera à la fois dans cette jeune âme, qui ne saura plus où se prendre. Il faut mériter la confiance de l'enfant en étant parfaitement vrai; car, ainsi que le dit Mme Necker de Saussure, « tout est réparable avec lui, hors le mensonge ».

Le célèbre auteur du *Traité des études*, le bon Rollin, après avoir passé sa vie au milieu des enfants, n'a pour eux, comme le fait remarquer M. G. Compayré, « que des paroles de tendresse sans mélange d'aigreur. Il leur rend ce témoignage qu'il les a toujours trouvés raisonnables. Aussi veut-il qu'on leur parle rai-

son de bonne heure, qu'on leur explique pourquoi on fait ceci et cela. »

On peut donc demander beaucoup à la raison
d'un enfant. Lors même qu'elle semble obscur-
cie et comme étouffée sous la passion du moment, convoitise, colère, honte, que sais-je? il
ne faut pourtant point négliger de s'adresser à
elle; car, bien qu'on ne puisse exiger toujours
des enfants assez de raison pour se condamner
eux-mêmes quand on leur montré leurs fautes,
« dans le temps qu'ils disent leurs mauvaises
excuses, ils ne laissent pas de voir qu'ils ont
tort, et souvent ils se corrigent ensuite (1) ».

(1) Abbé Fleury

CHAPITRE XVII

Qu'on ne s'imagine pas, en élevant un enfant avec tous les soins et suivant toutes les règles, en laissant libre jeu à son activité, à sa sensibilité, à sa raison, qu'on hâtera considérablement le développement de ses facultés et qu'on obtiendra de lui des résultats merveilleux et précoces. S'appliquer aux fondations et aux soubassements de l'édifice, c'est assurer une construction solide, mais ce n'est pas en rendre plus rapide l'achèvement.

S'il en arrivait autrement, ce serait un véritable malheur.

Les fruits trop précoces sont d'aspect appétissant, et de goût insipide. Les plantes de serre, celles qu'on *force*, pour employer le mot du métier, n'ont ni fécondité ni résistance. Un soleil trop chaud, un air trop vif, un coup de vent, une gelée, le moindre accident les fait périr. La comparaison de l'enfant avec une plante est un lieu commun trop connu pour que je ne laisse pas le soin de conclure au lecteur.

Petits prodiges, petits monstres, — les deux mots sont synonymes.

Je ne nie pas les exceptions. Que font-elles contre la règle? Il se rencontre de loin en loin certaines organisations extraordinaires, auxquelles il ne faut pour se développer que la moitié ou le quart du temps que les autres demandent, et qui n'en sont pas moins robustes, pas moins riches de sève et de vie. Mais ce sont des produits naturels et ce n'est pas par une culture intensive qu'on les obtient.

« La première éducation, dit avec une grande autorité Dupanloup, si elle est sage et prévoyante, profitera sans doute des étonnantes dispositions de l'enfance, et de cette merveilleuse ouverture de l'esprit à toutes choses, pour lui donner dès lors des idées simples, justes, claires, précises. Mais elle se défiera de la manie de créer des petits prodiges de six à huit ans, qui sont des enfants médiocres de quinze ou vingt. »

Et un peu plus loin :

« J'ai vu des enfants condamnés à ne rien faire pendant les plus belles années de leur jeunesse, de quatorze à dix-huit ans, parce que de six à dix ans on les avait accablés de travail et épuisés. »

Quel spectacle plus navrant que celui de ces petits phénomènes que certaines mères exhibent avec orgueil, et qui débitent les belles choses dont on leur a farci la tête, comme le serin chante les airs qu'on lui a serinés ! Quelques-uns de ces petits malheureux s'exaltent et s'affinent tellement le cerveau qu'ils comprennent ce qu'on leur apprend et qu'ils ont véritablement une intelligence de vingt ans dans un corps de sept ou huit. Imagine-t-on rien de plus monstrueux? Ce sont des proies promises à la folie ou à une mort prématurée.

Aussi comme je comprends et partage le sentiment de W. Cobbett, quand il dit : «J'ai toujours éprouvé un serrement de cœur en voyant de pauvres enfants de cinq en six ans amenés devant « *la société* » pour débiter des vers et des morceaux de pièces de théâtre. » Que ne puis-je le faire partager à toutes les mères !

« J'ai entendu parler d'un petit garçon de cinq ans dont la tête avait été tellement farcie de ses fables d'Esope, qu'on l'entendait souvent demander, tout intrigué, si les renards, les lions et les oiseaux parlaient en effet (1). »

Je voudrais savoir l'opinion qu'il aura conçue de la véracité du genre humain la première fois qu'on l'aura conduit au jardin zoologique.

> Puis croyez aux discours de ces grandes personnes
> Qui trompent la jeunesse !...

Mais ce cher petit naïf est vraiment un bambin ravissant d'innocence au prix du personnage suivant, que nous présente Mme E. de Girardin à la fin d'une tirade, que je ne me sens pas le courage d'écourter.

« On s'occupe trop des enfants, on ne les livre pas assez à eux-mêmes ; sous prétexte de diriger leur jugement, on éteint leur esprit ; dans la crainte qu'ils aient des idées fausses, on s'ar-

(1) L. Ayma.

range de manière qu'ils n'en aient pas du tout.
Comme si une idée folle qu'un enfant trouve
de lui-même ne valait pas cent fois mieux que
toutes les idées raisonnables que vous lui avez
imposées! Un enfant de cinq ans disait l'autre
jour à sa mère : « Qu'est-ce qu'ils vont donc
» faire dans le ciel, les oiseaux? » — Sa mère
préoccupée, répondit assez brusquement : — « Je
» n'en sais rien. » — Il adressa la même question
à sa nourrice. — « Ils vont voir le bon Dieu, »
dit celle-ci. L'enfant sourit d'un air incrédule,
il réfléchit longtemps en suivant des yeux une
hirondelle; puis tout à coup il dit : « Ah ! je
» sais... Ils vont boire dans les nuages... » —Eh !
n'aimez-vous pas mieux un enfant qui a des
idées étranges comme celle-là, qu'un petit prodige de science qui vient, à cinq ans, vous
parler de l'air raréfié que cherchent les diptères
de la famille des athéricères dont les fissiros-
tres font leur nourriture, et qui marmotte déjà
tous les ennuyeux grands mots de la physique,
de l'entomologie, de l'ornithologie? »

Restif de la Bretonne trace un tableau de ces
phénomènes, moins curieux peut-être que le
remède qu'il propose pour leur suppression.

12.

« Voyez nos jeunes gens, fait-il dire à l'héroïne d'un de ses romans ; à leur air grave, à leur tête réfléchissante (ce qu'on reconnaît aux rides dont leurs fronts sont toujours sillonnés) on voit bien qu'ils savent tout, et qu'ils savent trop... On voit aujourd'hui de grands garçons de six ans, et de belles demoiselles de quatre, figurer dans un cercle avec autant de sens et de gravité que leurs grands-papas et leurs grands-mamans (tant l'éducation est parfaite !)... Mais moi, — je soutiens qu'il faut être enfant jusqu'à vingt-cinq ans bien accomplis ; et voici le plan d'éducation que je substituerais aux abus actuels.

» Jusqu'à la sixième année, sans rien connaître que sa bouillie et des bonbons, jusqu'à douze, des hochets, des joujous ; à quinze, on apprendrait l'alphabet, à lire, écrire, jusqu'à dix-huit, qu'on entrerait, les hommes en sixième, les filles au couvent. Les dernières en sortiraient à vingt ans, pour se marier, les premiers finiraient leurs classes à vingt-huit : deux années d'exercices : à trente, ils feraient leur entrée dans le monde. A trente-cinq on leur donnerait une femme et de petits emplois, jusqu'à la maturité de la raison, qui serait quarante-cinq, ou même cinquante pour les plus étourdis. Je ne vois à cela qu'un inconvénient, c'est qu'on ne pourra pas, je crois, allonger d'autant la période de la vie humaine ; sans ce petit contre-temps, ce que je propose serait au mieux. »

Il y a bien de l'ironie dans cette excentricité. Le portrait du petit prodige n'en est pas moins vrai et de tous les temps, dans ses traits de jeune mondain, pris sur le vif. Ce n'est pas le petit prodige savant, diseur, déclamateur ; c'est le petit prodige de mondanité accomplie, portant mouches et vertugadin, tricorne sous le bras et épée en verrouil.

La période d'évolution de ces jeunes phénomènes dure jusqu'à quinze ou seize ans. « Petits prodiges à quinze ans et vrais sots toute leur vie », a dit Mme de Sévigné. Depuis elle, les épigrammes n'ont pas tari sur les forts en thème et les aigles de collège. Il y a, là comme partout, du vrai et du faux, — le faux n'étant d'ordinaire que l'exagération ou la mauvaise interprétation de la vérité.

L'essentiel était de mettre les parents en

garde contre ces joies de vanité, qui ne seraient peut-être pas aussi vives, mais qui seraient infiniment moins funestes, si, au lieu d'un enfant, on se faisait honneur d'un singe ou d'un chien savant.

CHAPITRE XVIII

LES DOMESTIQUES DANS L'ÉDUCATION

Tous les ans quelques scandales, dont celui de Bordeaux restera, il faut l'espérer, le type en ce siècle, viennent avertir les familles du péril immense qu'il y a à confier, sans un contrôle de tous les instants, les enfants aux domestiques.

Ces choses monstrueuses, que l'affaire de Bordeaux a portées à la connaissance du public et dont on ne sait comment parler, sont beaucoup plus fréquentes qu'on ne suppose. Un jour, il y a longtemps de cela, dans une ville du midi, je me promenais sur le cours avec un tout jeune homme. Il aperçoit une soubrette de beaucoup plus âgée que lui, vraiment pimpante encore et le nez au vent. En se croisant ils se sourient. — « Vous connaissez cette bonne ? » lui dis-je. — « Eh! je crois bien, elle m'a élevé de toutes manières. C'est à elle que je dois de savoir ce que c'est qu'une femme... J'avais deux ou trois ans, je ne sais plus... Nous ne manquons jamais de nous dire bonjour ». — La drôlesse méritait le bagne ; mais l'excellent garçon lui gardait de cette initiation prématurée comme une reconnaissance attendrie.

On ne peut appuyer sur ce côté scabreux. Mais il fallait l'indiquer tout d'abord, et vigoureusement, car il est tellement épouvantable qu'on ferme volontiers les yeux pour ne pas le voir. Un peu plus on crierait *shocking*, ou *haro*, sur l'homme de bonne foi qui montre la plaie. Serait-ce que, comme je le lisais hier quelque part, « plus les hommes sont corrompus, plus ils affectent de pruderie (1) ? » Mais je m'égare : c'est des domestiques que je veux parler.

Les contes dont les nourrices et les chambrières effrayent les enfants sont depuis longtemps connus. Gulliver, je l'ai déjà rappelé, avait trouvé un peuple où ces mégères sont

_____

(1) Abbé Balme-Frézol.

fouettées et bannies, comme elles le méritent. Nous serons moins heureux que Gulliver : ce peuple sage, nous ne le trouverons pas.

Voici un fait divers de journal, tout récent, que je lisais en ce mois de juillet de l'an de grâce mil huit cent quatre-vingt-six. Une fillette de six à sept ans était au parc Monceau, avec sa bonne, celle-ci sur un banc, rêvant à... — qu'est-ce que cela nous fait? — la fillette jouant toute seule avec une balle. Tout à coup, maladroitement lancée, la balle frappe l'épaule de la bonne. La créature se lève, saisit la petite fille confiée à sa garde, la trousse et la fesse à tour de bras. Il fallut l'intervention des promeneurs pour l'arrêter.

Une bonne, ennuyée de la turbulence d'un enfant, l'enferme dans un cabinet noir en lui annonçant la visite de monstres épouvantables. A l'heure où les parents doivent rentrer, elle va pour délivrer le prisonnier, devenu enfin sage, car il ne crie plus. Elle ouvre la porte et heurte un cadavre.

W. Cobbett raconte cette histoire. Les parents sont allés en soirée. Les domestiques trouvent juste de s'amuser aussi et organisent un bal dans la chambre de l'un deux. La bonne impatiente de se rendre à la fête, s'évertue à endormir l'enfant, qui, sentant ses parents hors de la maison s'agite, pleure et jette des cris. La fille ne veut pourtant pas perdre sa partie de plaisir. Elle attache dans les plis des rideaux un masque horrible, et dit à l'enfant que, s'il bouge ou fait le moindre bruit, le monstre descendra sur lui et le dévorera. Terrifié, le petit se tait et la bonne va danser. Les parents reviennent plus tôt qu'on ne les attendait et trouvent l'enfant seul, sans mouvement, muet, les yeux ouverts et fixes. On demande en hâte le médecin; quand il arriva, l'enfant était mort.

« Il y a des enfants qui naissent *idiots*, mais il y en a un bien plus grand nombre qui le deviennent par suite de la sottise ou de la négligence des parents, et en général, parce qu'ils ont été abandonnés aux soins des *domestiques*. J'ai connu un enfant tel qu'on n'en vit jamais de plus vif et de plus intelligent, et qui devint idiot pour la vie parce que à l'âge de treize ans une domestique l'avait enfermé dans une chambre noire pour le faire taire.... Après une absence de quelques minutes, elle retrouva l'enfant en proie à des *convulsions*. Il s'est rétabli, mais il est resté idiot pour la vie (1). »

« Peut-on, dit un grave écrivain, n'attacher qu'une légère importance au caractère moral des gens de service, lorsque leurs exemples, leurs paroles, leur manière de vivre, leurs préjugés, leurs vices et leurs vertus font une telle impression sur l'âme des enfants confiés à leurs soins; lorsqu'un grand nombre d'enfants et de jeunes gens, perdus pour jamais, ne doivent leur dégradation qu'aux vices des gens qui les ont entourés dès leur bas âge. »

La jeune mariée de Balzac ne commettra pas cette imprudence coupable. Elle sait, sans l'avoir appris, par intuition ou par instinct, le mot ne m'importe pas, ce que toute femme destinée à être mère doit, en effet, savoir. Écoutons-la; elle peut donner une bonne leçon :

« Quand une *bonne* a brûlé la langue et les lèvres d'un enfant avec quelque chose de chaud,

(1) William Cobbett.

elle dit à la mère qui accourt que c'est la faim qui le fait crier... Il faut soigner ces chers innocents avec son âme; il ne faut croire qu'à ses yeux, qu'au témoignage de la main pour la toilette, pour la nourriture et pour le coucher. »

C'est avec une domestique que j'ai fumé ma première cigarette. Trouvant sous ma main du tabac, j'en avais roulé dans une feuille de papier non collé, arrachée à un vieux livre. Elle m'avait aidé, je crois bien, dans cette opération. J'avais huit ans environ. Je fus horriblement malade. Ce fut le châtiment de la pauvre fille, honnête et dévouée, celle-là, mais qui m'avait laissé faire par faiblesse, comme elle me laissait faire tout.

Voilà ce qui arrive avec les meilleures. Que doit-on attendre des pires?

« Les enfants en général aiment les domestiques, sans doute parce que ceux-ci sont d'ordinaire plus complaisants que les parents (1). » Pas du tout — excusez-moi, philosophe! — Ce ne sont pas les domestiques qu'ils aiment,

____

(1) Paul Janet.

on général; ce qu'ils aiment, c'est la tranquillité, l'absence de pose et d'apparat, la liberté de jouer comme ils l'entendent sans qu'on s'occupe d'eux, toutes choses dont ils jouissent assez ordinairement à la cuisine, et qu'on leur accorde bien rarement au salon.

Quand j'étais en vacances, avec mon cousin Georges, sa mère nous abandonnait la plus belle pièce de la maison, pleine de canapés, de fauteuils, d'épais tapis, de guéridons chargés de beaux livres à images et de jouets de toutes sortes. Nous restions là tant que nous voulions et faisant ce que nous voulions, jouant, feuilletant les livres, nous vautrant sur les carpettes. De temps à autre elle apparaissait, pour s'enquérir de nos besoins, et si elle voyait qu'elle ne nous était pas nécessaire, elle se retirait discrètement.

Nous n'aimions pas les domestiques, dans cette maison-là.

CHAPITRE XIX

CÉSAR ET LARIDON

On ne suit pas toujours ses aïeux ni son père :
Le peu de soin, le temps, tout fait qu'on dégénère.
Faute de cultiver la nature et ses dons,
Oh ! combien de Césars deviendront Laridons !

C'est à ce résultat, prévu par le bonhomme
La Fontaine, qu'on aboutirait infailliblement si
l'on exagérait les soins matériels et la délicatesse de traitement dont les précédents chapitres proclament la nécessité.

Denys le Tyran, voulant, dit-on, se venger
d'un compatriote, lui enleva son fils en bas
âge et le fit élever dans la débauche. Plus tard
le père parvint à l'arracher des mains du tyran,

et s'appliqua à refaire son éducation. Mais il était trop tard. Conseils, prières, menaces, rigueur, tout fut inutile. Plutôt que de se corriger, le jeune homme se tua en se jetant du haut en bas de la maison.

Il n'est pas besoin de prendre tant de peine pour ouvrir un chemin au vice dans l'âme des enfants. Les mauvaises habitudes, si on les tolère au début, ne tardent pas à imprimer un pli ineffaçable, et là où les mauvaises habitudes sont maîtresses, le vice est bien vite reçu.

On a déjà touché ce sujet en parlant des enfants gâtés. Mais il est assez grave pour qu'on y revienne. D'ailleurs, suivant le mot d'Alphonse Karr, le rabâchage est le seul moyen de se faire entendre.

Les précautions excessives, les craintes exagérées, les tendresses énervantes, la préoccupation outrée du confort matériel peuvent faire et font trop fréquemment, des égoïstes, des gourmands, des paresseux, des Laridons.

Montaigne résume en quelques lignes saisissantes les deux côtés de la question :

« Si vous avez envie qu'il craigne la honte et le chastiement, ne l'y endurcissez pas; endurcissez le à la sueur et au froid, au vent, au soleil, et aux hazards qu'il lui fault mespriser; ostez luy toute mollesse et delicatesse au vestir et coucher, au manger et au boire; accoustumez le à tout; que ce ne soit pas un beau garçon et dameret, mais un garçon vert et vigoureux. »

On ne peut accuser W. Cobbett de préconiser pour l'enfant une sobriété déraisonnable, lorsqu'il dit: «Il faut que les enfants mangent souvent et autant que cela leur plaît. Si vous leur donnez à pleines mains une *nourriture très simple*, ils n'en prendront jamais plus que cela ne sera nécessaire à leur santé. Ils pourront, à la vérité, se bourrer de gâteaux et de sucreries jusqu'à en être indisposés, et même jusqu'à se donner de graves maladies; mais ils ne mangeront jamais plus qu'il ne faudra d'une viande *simplement assaisonnée et bien cuite* ou de pain ordinaire. »

Il a soin de dire aussi : « La véritable base de l'indépendance repose dans ces trois mots français que j'ai toujours beaucoup admirés : *Vivre de peu.* »

On ne m'en voudra pas de lui prendre une ou deux anecdotes.

« Il y a quelques années, raconte-t-il, qu'un jeune homme vint se proposer pour être mon secrétaire. Il me parut très propre à remplir cette place. Nous tombâmes d'accord tout de suite, et comme j'avais beaucoup de besogne à expédier, je le priai de s'asseoir et de commencer. Tout à coup il regarde par une fenêtre d'où l'on apercevait le cadran d'une horloge, et il s'écrie : « Je ne puis rester à présent, il faut que j'aille » dîner. » — « En vérité, lui dis-je, il faut que » vous alliez dîner ! Pauvre ami ! Allez vite » dîner, et ne revenez pas... Nous ne pourrions » jamais nous entendre. »

Ailleurs il cite ce joli trait d'excentricité pratique. « J'entendis un jour sir John Sinclair demander à M. Cochrane Johnstone s'il voulait que son fils, alors fort jeune, apprît le latin : — « Non, répondit M. Johnstone, » je veux qu'il apprenne quelque chose de » plus important. » — « Quoi donc ? » répliqua » sir John ? — « Je veux qu'il apprenne à » se raser avec de l'eau froide, et sans mi- » roir. »

Voilà qui met à son plan la *question du latin*, comme l'appelle M. Raoul Frary.

En somme, sans souhaiter à aucun de nos jeunes amis de devenir César, je ne voudrais pas qu'un seul fût, de près ou de loin, Laridon. Pour éviter ce danger hideux, développez hardiment, vigoureusement, sans relâche — et dans une bonne direction, ai-je besoin de le dire? — toute l'activité, toutes les énergies de la jeunesse. Elle en surabonde. Ne laissez pas perdre ces eaux vives dans le sable aride. N'endormez pas l'enfant dans l'indolence et la paresse. Je dis : n'endormez pas, car il est par-dessus tout ami de l'action, et il ne s'endormira pas tout seul.

« Le paresseux tient sa main sous son bras et ce lui est une fatigue de la porter à sa bouche », dit le livre des Proverbes.

Il dit encore :

« J'ai passé par le champ du paresseux et par la vigne du fou : tout y était plein d'épines et d'orties, et la muraille d'alentour était tombée ».

A ces proverbes, expression de la sagesse biblique, vient s'ajouter celui-ci, expression de la

pensée populaire et, comme on dit, de la sagesse
des nations :

La Paresse est la mère de tous les vices.
Elle est surtout la nourrice des Laridons.

CHAPITRE XX

DE L'ENSEIGNEMENT : MATIÈRES ET MÉTHODES

Madame Necker de Saussure résume assez bien l'état de l'esprit humain, non seulement en ce qui concerne l'éducation, mais sur toutes les questions qu'il soit possible d'agiter, lorsqu'elle écrit : « L'autorité, l'émulation, les châtimens et les récompenses, la sincérité et l'indulgence, la règle exacte et l'absence de règle ont eu leurs partisans et leur détracteurs. Que dirai-je de l'éducation publique et privée, des méthodes d'enseignement, de la distribution des études et de leur principal objet ? Presque tout encore est en question. »

Tout est en question, en effet, et c'est pour cela que la plus noble occupation de l'homme sera toujours la recherche de la vérité.

Jean-Paul Richter a exprimé la même idée sous une forme plus humouristique. « L'éducation de notre temps, dit-il, ressemble à l'arlequin de la comédie italienne, qui arrive sur la scène avec un paquet de papier sous chaque bras. — Que portez-vous sous le bras droit ? lui demande-t-on. -- Des ordres, répond-il. — Et sous le bras gauche ? — Des contre-ordres ! »

Je ne vois pas que cet amusant trait de satire ait vieilli.

On s'accorde aujourd'hui à proclamer la nécessité de connaître les lois de l'organisation mentale de l'enfant. On a compris que la psychologie était le fondement de toute pédagogie sérieuse. On a donc fait de la psychologie tant et plus ; on a donc observé, scruté, analysé les manifestations intellectuelles de l'enfant, pour en déduire des conséquences, y puiser des formules, en tirer les règles naturelles de l'éducation.

Cela veut-il dire que toute discussion soit close, et qu'il n'y ait plus qu'un avis ? Vous ne le croiriez pas. Vous voyez trop bien, par l'expérience journalière, que le proverbe latin n'a pas cessé d'être vrai : *Quot capita, tot sensus.* L'observation ne vaut que ce que l'observateur vaut lui-même, et ce fondement de toute science, qu'on se plait à représenter comme inébranlable et sûr, est discutable au premier chef.

Enfin, si les règles sont telles que nul ne puisse les nier ou les contester, tout recommence, et les difficultés deviennent même bien plus complexes, dès qu'il s'agit de l'application.

Aussi n'ai-je pas la prétention de faire ici une lumière nouvelle. Suivant ma coutume, j'invóquerai l'opinion de ceux qui ont passé leur vie à étudier les problèmes de l'enseignement, et aussi de ceux qui ne les ont envisagés qu'en passant, sachant bien que l'éclair, tout éphémère qu'il est, illumine parfois les profondeurs obscures mieux qu'une lueur plus constante et plus douce. Je ne puis d'ailleurs qu'effleurer un aussi vaste sujet.

Il est curieux de voir les mêmes plaintes touchant la manière d'instruire les enfants se reproduire depuis le XVI° siècle, pour ne pas remonter plus haut. Ainsi nous lisons dans Montaigne :

« De vray, le soing de la despense de nos pères ne vise qu'à nous meubler la teste de science ; du jugement et de la vertu, peu de nouvelles. Criez d'un passant à nostre peuple : « O le sçavant homme ! » et d'un aultre : « O le bon homme ! » il ne fauldra pas à destourner les yeux et son respect vers le premier … Nous nous enquérons volontiers : « Sçait-il du grec » ou du latin ? escrit-il en vers ou en prose ? » mais s'il est devenu meilleur ou plus advisé, c'estoit le principal, et c'est ce qui demeure derrière. Il falloit s'enquérir qui est mieux sçavant, non qui est plus sçavant. Nous ne travaillons qu'à remplir la memoire, en laissant l'entendement et la conscience vuides.,… Nous sçavons dire : « Cicero dict ainsi : Voylà les » mœurs de Platon; ce sont les mots même » d'Aristote; » mais nous, que disons-nous nous-mêmes? que jugeons-nous? que faisons-nous? Autant en dirait bien un perroquet. »

Et encore :

« On ne cesse de criailler à nos aureilles, comme qui verseroit dans un entonnoir; et nostre charge ce n'est que redire ce qu'on nous a dict. »

D'après lui, « sçavoir par cœur n'est pas
sçavoir ». On doit instruire l'enfant « surtout à
se rendre et à quitter les armes à la vérité tout
aussitôt qu'il l'appercévra et qu'elle naisse ès
mains de son adversaire, soit qu'elle naisse
en luy mesme par quelque radvisement. » Aussi
voudrait-il qu'on fût « soigneux de luy choisir un conducteur qui eust plustôt la teste bien
faicte que pleine », et qui sût se faire aimer, lui
et les sciences qu'il enseigne ; car « il n'y a tel
que d'alleicher l'appétit et l'affection : aultre-
ment on ne fait que des asnes chargés de livres. »

De même Charron dit, dans sa langue plus
lourde : « Il ne se faut pas deffier de la portée
et suffisance de l'esprit ; mais il le faut sçavoir
bien conduire et manier. »

Au siècle suivant l'abbé Fleury soutient les
mêmes doctrines. « L'étude ne consiste pas
seulement à lire des livres... Nous devons donc
compter pour une grande partie de l'étude la réflexion et la conversation. » Il va plus loin, et
s'exprime sur le compte de certaines sciences
qu'il regarde comme décevantes ou fausses,
avec une animation qui n'est pas ordinaire à cet
esprit calme et modéré.

« J'aime mieux que l'on se repose que de chercher la pierre philosophale ; j'aime mieux que l'on ne sache rien que de savoir le grand ou le petit art de Raimond Lulle..... Je mets à peu près en ce rang tout ce qui trompe sous le nom de *philosophie* ; la physique qui ne fait point connaître la nature, et la métaphysique qui ne sert point à éclairer l'esprit et à fonder les grands principes des sciences. »

La physique ne mérite plus le reproche que l'abbé Fleury lui faisait ; mais à cela près, je ne jurerais pas que bon nombre de nos contemporains, parmi les plus sérieux et les plus instruits, ne pensent de même, tout en craignant parfois de le dire tout haut.

Entre autres conseils judicieux que Mme de Lambert adresse à son fils, je note le suivant : « Quand vous ne penserez qu'à remplir votre mémoire de faits, à orner votre esprit des pensées et des opinions des auteurs, vous ne ferez qu'un magasin des idées d'autrui. Un quart d'heure de réflexions étend et forme plus l'esprit que beaucoup de lecture. Ce n'est pas la privation des connaissances qui est à craindre ; c'est l'erreur et les faux jugements. »

On lit dans la *Nouvelle Héloïse* : « Je pense que, quand on a une fois l'entendement ouvert par l'habitude de réfléchir, il vaut toujours mieux trouver de soi-même les choses qu'on trouverait dans les livres : c'est le vrai secret de les bien mouler à sa tête, et de se les approprier. »

Au commencement de ce siècle (1811) Guizot écrivait dans les *Annales de l'Éducation :* « On doit chercher dans les méthodes d'enseignement, à faire de l'enfant un être actif qui exerce sur ce qu'il apprend ses forces naissantes, et non un être passif, placé là pour recevoir ce que l'on veut confier à sa mémoire ou à sa pensée. »

On répète depuis bien longtemps que la lettre tue et que l'esprit vivifie. Cette parole ne s'applique-t-elle pas admirablement aux matières et aux méthodes de l'enseignement? « Ce n'est pas la lettre des études qui importe, c'est l'esprit (1). »

L'illustre penseur anglais Herbert Spencer a fait un livre sur l'éducation intellectuelle,

(1) Paul Janet.

morale et physique. Par les quelques extraits que je vais en donner on verra qu'avec un appareil scientifique que Montaigne n'a point et ne veut point avoir, avec une argumentation plus sévère et plus serrée et les préocupations particulières à son tour d'esprit et à notre temps, il dit au fond la même chose que l'auteur des *Essais*, signale les mêmes défauts et propose à l'éducation le même but.

« Ce que les programmes de nos écoles laissent presque entièrement de côté, c'est ce qui concerne de plus près les affaires de la vie. Nos industries périraient, sans les connaissances qu'on commence à acquérir, par soi-même et comme on peut, après qu'on a, comme on dit, terminé son éducation...

» Bien peu de ce qui s'apprend dans le cours des études sera utile plus tard à guider l'homme dans l'accomplissement de sa fonction de citoyen. Dans l'histoire qu'on lui enseigne, il n'y a qu'une petite portion, qui ait une valeur pratique, et cette petite portion on ne le prépare point à pouvoir en profiter et en faire usage...

» On devrait habituer les enfants à faire leurs

propres investigations et à en tirer eux-mêmes les conséquences. On devrait leur *dire* le moins possible et les amener à *découvrir* le plus possible... Considérez la culture morale qu'implique cette habitude de compter toujours et avant tout sur soi-même : courage à aborder les difficultés, concentration patiente de l'attention, persévérance après les échecs. »

« Pas de préceptes et beaucoup d'usage », disait Ramus et répéta Port-Royal. N'est-ce pas cette méthode même que recommande Herbert Spencer?

Encore un mot caractéristique de ce philosophe : « Un des secrets de l'éducation, c'est de savoir perdre son temps sagement. » Comparez Michelet : « Je n'ai point l'avare superstition du temps. Je dis avec Coménius : En travaillant moins d'heures, on apprend davantage. » — J'ai entendu, je ne sais plus dans quelle bouche, ce mot profond, que j'ai toujours retenu : « Le temps, c'est notre activité. »

Herbert Spencer signale une autre lacune dans les programmes. « Le sujet qui comprend tous les autres, dit-il, et par conséquent le sujet qui devrait être le couronnement de l'éducation, c'est la Théorie et la Pratique de l'Éducation. »

Ce point, tout particulier, est en dehors d'une étude aussi générale que la nôtre. Aujourd'hui la pédagogie fait partie des matières d'examen pour l'obtention de certains diplômes. Tout ce que je veux constater ici à ce propos, c'est que, dans ses grands traits, la question est élucidée depuis longtemps, mais qu'il faut croire que, dans la pratique, elle n'a pas fait de grands progrès, puisque la même série de reproches et de plaintes se déroule comme une vis sans fin.

Un hasard heureux a fait tomber entre mes mains le manuscrit d'un travail écrit par un jeune professeur de l'Université à l'époque où M. Jules Simon était ministre de l'Instruction publique (1872) et cédait timidement à un esprit de réformes — et d'expériences, qui ne paraît pas avoir dit son dernier mot. Des circonstances particulières ont empêché ce travail d'être publié alors. L'auteur, tout en voulant rester inconnu, m'autorise à prendre dans son manuscrit, pour en faire profiter mes lecteurs, ce qui me semble être d'un intérêt permanent, ou avoir conservé son actualité. Dans ce chapitre et dans les suivants, j'use librement de la permission.

Passant en revue les principales matières de l'enseignement secondaire d'après les programmes de l'époque (le vers latin est aujourd'hui disparu, et la composition en prose latine est considérablement réduite), l'auteur écrivait :

« Dans nos établissements, on étudie, — je me borne, je le répète, au point de vue littéraire, — le latin, le latin et encore le latin. Le grec figure dans les études pour mémoire. Il n'y a certainement pas deux élèves sur cent qui, à la fin de leurs classes, sachent les verbes grecs et soient en état de lire une page de Thucydide ou de Sophocle... Un de mes amis, élève fort, lauréat du concours général, nourrisson futur de l'École Normale, qui avait été l'objet des soins attentifs et spéciaux de ses maîtres, tombe au baccalauréat, sur la prière de Priam à Achille, dans Homère. Le jeune homme avait lu et relu, faute de mieux, le *Génie du Christianisme*, où Chateaubriand a traduit, avec plus d'éclat que de fidélité, ce passage. Cette version lui était restée dans la tête. Il la récite imperturbablement et d'un trait à l'examina-

teur, qui ferme le livre et lui fait des compliments. Il me disait, après la séance, qu'il eût
été fort en peine d'expliquer mot à mot ce morceau si brillamment enlevé...

» Les professeurs d'histoire forment certainement une des parties les plus fortes et les plus
jeunes du corps universitaire. Leurs cours sont
presque toujours bien faits, vifs, intéressants,
ne manquant même pas, le plus souvent, d'une
certaine éloquence. Mais en profite qui veut.
Pourvu que l'élève retienne à peu près, d'une
classe à l'autre, le résumé de la leçon, et
remette une rédaction quelconque sur le sujet,
tout est bien. Qu'il ait compris ou non, que,
dans sa mémoire, l'empreinte soit durable ou
fugitive, le professeur ne s'en occupe pas et ne
peut s'en occuper. Quel moyen, en deux heures,
d'exposer une époque historique, de corriger
les devoirs d'une trentaine d'élèves et de s'assurer qu'ils ont saisi et qu'ils retiendront le
sens de la leçon? Que le professeur, s'intéressant naturellement aux deux ou trois enfants
qui montrent de la bonne volonté, parvienne,
en dirigeant leurs lectures, en leur fournissant
des livres, en annotant soigneusement leurs

rédactions, à leur donner le goût et une connaissance générale de cette science vivante qui est l'histoire, c'est tout ce qu'on peut espérer, et c'est souvent plus qu'on n'obtient.

» Le même maître qui professe l'histoire est aussi chargé de la géographie. L'insuffisance, disons mieux, la nullité des notions géographiques en France était, chez les étrangers, passée en proverbe même avant la dernière guerre. Je ne sais quelle publication allemande donnait cette définition des Français : « Peuple remarquable par son ignorance de la géographie ». La veille de la bataille de Champigny, un officier supérieur de l'état-major arrêtait son cheval devant un sous-lieutenant de la mobile départementale campée à l'extrémité de la Grande Pelouse, près du village de Plaisance, et lui demandait : — « Où est le plateau d'Avron, » je vous prie ? » — Il fut très étonné d'apprendre qu'il était au pied même de la position qu'il cherchait, et qu'il s'était attardé d'un quart d'heure en tournant autour. »

L'enseignement de la géographie s'est fort amélioré ; mais il s'en faut qu'il soit à la hauteur qu'il mérite. Le temps lui est beau-

coup trop mesuré, et on le traite encore manifestement comme étant d'une importance
secondaire.

On peut en dire autant des langues vivantes,
auxquelles on ne consacre que deux heures
par semaine à partir de la sixième, précisément
le temps qui leur était attribué à une époque
où cet enseignement, de l'aveu de tous, était
dérisoire. Il est vrai que les enfants de sept à
dix ans(classe préparatoire, huitième et sixième)
ont quatre heures par semaine. Mais dès qu'ils
commencent à pouvoir étudier ou apprendre
mieux, on les instruit moins. C'est dans ces
circonstances qu'il nous est donné d'entendre
des professeurs de lettres anciennes s'écrier
que les langues vivantes envahissent tout!

Quant à la langue maternelle, on lui donne
plus de soins qu'on ne l'a jamais fait. Cependant « les jurys d'examen du baccalauréat et
des hautes écoles se plaignent constamment
d'avoir à rejeter des candidats pour défaut
d'orthographe. » Mais ce n'est là que le côté
purement matériel de la langue. Le côté supérieur, l'art du style et de la composition, est
sans doute cultivé avec plus de succès? Hélas!

si l'on met à part les compositions d'une dizaine d'élèves, c'est une chose désolante que de
parcourir ces copies, où, platitudes, incorrec-
tions et non-sens sont enfilés bout à bout pendant deux ou trois pages. Les professeurs sont
unanimes à confesser cet état de choses et à le
déplorer. Ils font de leur mieux pour y remédier,
et, à force d'ardeur stimulante, de zèle commu-
nicatif, ils y parviennent dans la mesure du
possible. Mais cette mesure est bien res-
treinte. »

Mais du moins le latin, qui est encore
l'objet principal des études littéraires, est-il
su dans la perfection? « Eh bien! disons-le
franchement, l'élève, s'il a fait de bonnes
classes, est à peu près en état de lire les auteurs latins quand ils ne présentent pas une
trop grande recherche d'expression ou de
pensée, des détails trop techniques, trop de
concision ou de profondeur, des allusions à
des usages ou à des personnages en dehors de
l'érudition vulgaire, ou d'autres difficultés
spéciales. Quant aux coutumes, aux mœurs, à la
littérature même de l'antiquité romaine, néant.
On ne lit pas tout Virgile dans le courant des

classes; pas un auteur qui soit connu en son entier; on ne voit de chacun d'eux que des fragments sans lien, sans unité, sans rien qui puisse donner à l'enfant une idée d'ensemble que des analyses dictées ou des critiques toutes faites. Pour arriver à ce maximum de science, les écoliers passent sur les bancs les dix années les plus importantes de leur jeunesse, celles qui impriment à l'homme sa direction, et qui le forment pour ce qu'il doit être plus tard. Tout ce temps, un temps si précieux, est-il bien nécessaire?

» L'expérience, d'accord avec la raison, répond non.

» Il arrive, en effet, assez souvent que des jeunes gens commencent leurs études de latin fort tard, et parviennent à acquérir en deux ou trois ans ce que le commun des élèves met dix ans à apprendre. N'est-ce pas, pour ceux-ci, six ou sept ans de perdus? Et ne vaudrait-il pas mieux les passer à se développer physiquement par le jeu et les exercices corporels, tout en recevant des notions élémentaires et pratiques, que de les gaspiller ainsi? »

L'organisation récente de l'enseignement

secondaire français obvie en principe à une grande partie de ces inconvénients et défauts. Mais il n'était pas inutile de les signaler de nouveau, ne fût-ce que pour montrer combien les réformes dont l'administration prend aujourd'hui l'initiative, étaient nécessaires et réclamées par l'opinion.

Notre auteur ne s'en contenterait pas. Il propose une série de mesures qu'on trouvera, je le crains, peu pratiques, mais qui ne me paraissent pas indignes d'attention. Laissons-le parler.

« L'enfant ne doit pas quitter sa famille avant quatorze ans. Avant cet âge, le régime de l'internat, qui n'est jamais bon, mais qu'il serait peut-être difficile de supprimer complètement, lui est absolument préjudiciable au triple point de vue des facultés morales, intellectuelles et physiques...

» Mais si l'enfant reste dans sa famille, son instruction ne doit pas être pour cela négligée. Il la recevra à l'école primaire. Là, il apprendra sa langue, non seulement de façon à faire sans faute une dictée, mais de façon à exprimer convenablement sa pensée et à exposer clairement ses connaissances. Il y apprendra encore, par les méthodes rationnelles qui commencent à être en estime, et qui consistent à aller du simple au composé et de l'exemple à la règle, les deux principales langues vivantes, l'anglais et l'allemand. Il y recevra enfin les notions élémentaires et pratiques, mais toujours rigoureusement scientifiques, de calcul, de géométrie, d'histoire, de géographie industrielle et commerciale, de comptabilité, de chimie appliquée, de législation usuelle, d'histoire naturelle, d'hygiène; et le maître éclairera tout cet enseignement des grands principes de morale qui font l'honnête homme et le bon citoyen. Il aura six ans au moins pour cela, — de huit à quatorze, — et l'on ne peut dire que ce temps ne suffit pas. Il suffira d'autant plus que l'influence de la famille sera constante, et que le père, heureux de voir son fils grandir et se former sous ses yeux, ne lui ménagera ni les encouragements ni les conseils.

» D'un autre côté, affranchi de la discipline de l'internat, de la contrainte et de l'énervement de la salle d'étude, l'enfant se développerait librement au grand air, se livrant, avec

les exhortations de ses maîtres, à tous les
exercices du corps. C'est à la campagne surtout que la course, l'équitation, la natation,
les longues promenades, les travaux des
champs sont possibles et d'occasion fréquente.
A ce sujet, il est urgent que les parents se
défassent des craintes et des précautions pué-
riles qui sont la règle de conduite d'un trop
grand nombre d'entre eux. Nous devons en cela
prendre leçon des Anglais. Un de leurs écrivains les plus populaires, Ballantyne, déclare
qu'il faut laisser les enfants grimper aux arbres,
courir sur les murs, se jeter de haut dans une
eau profonde, nager, galoper à cheval, traverser des torrents sur un mince tronc d'arbre
jeté en travers, sauter les fossés et les haies,
sans s'inquiéter des risques à courir. Les
enfants, dit-il, sont, par leur souplesse naturelle, très propres à acquérir cette hardiesse, cette force et cette agilité ; et les accidents, très rares, qui peuvent résulter de tels
exercices, sont amplement compensés par la
faculté qu'ils donnent à l'homme fait de se
tirer et de tirer les autres des dangers auxquels
on est chaque jour exposé. Combien se noient

14.

pour n'avoir pas appris à nager, étant jeunes? Combien périssent dans les incendies pour n'avoir pas fait de gymnastique? Combien tombent de cheval ou roulent dans les précipices, pour ne s'être pas accoutumés dès la jeunesse à garder l'équilibre dans les plus périlleuses positions?

» Ce n'est pas seulement aux garçons, mais c'est encore aux filles que s'adressent les recommandations de l'auteur anglais. Nous sommes loin d'un tel système d'éducation physique; mais c'est là qu'il faut en venir, si nous voulons faire des hommes vigoureux et hardis.

» Ainsi préparé, en trois ans de lycée, l'enfant apprendra mieux le latin et le grec qu'il ne l'apprenait en dix ans. Il l'apprendra mieux, parce que son esprit sera déjà formé, sans que l'accord ait été un seul instant rompu entre le développement de ses facultés intellectuelles et le développement de ses facultés physiques; et aussi parce qu'on le lui enseignera autrement qu'on ne peut le faire à de trop jeunes enfants. On s'appliquera à entendre les écrivains de l'antiquité, à pénétrer

leur pensée, à comprendre les faits qu'ils racontent, les doctrines qu'ils exposent et les
usages dont ils font mention. Pour cela, on
lira d'un bout à l'autre les principaux d'entre
eux, en s'arrêtant partout où il y aura une difficulté, pour la résoudre ; partout où il y aura
une allusion, pour l'expliquer ; ayant soin de
s'aider toujours, dans ce travail, des auteurs
mêmes qu'on étudie et de les éclairer les uns
par les autres.

» Enfin, et c'est, à vrai dire, le point capital
de la réforme que je souhaite, l'instruction
réelle, sérieuse, dont on a dit qu'elle mène à
tout, ne sera pas seulement l'apanage de ceux
qui peuvent faire un stage de dix ans dans les
lycées pour entrer ensuite dans les écoles
spéciales de l'État. Il ne faudra pas avoir
« fait ses classes » pour être capable de tenir
sa place dans la société. L'enfant de l'ouvrier
et du paysan, pourra acquérir, chez lui, sans
sacrifice, les connaissances nécessaires pour
n'être déplacé nulle part, et pour se trouver
l'égal de tous.

» Ce que le développement de l'instruction
primaire dans le sens des notions positives et

pratiques et l'étude des langues mise à la portée de tout le monde donneront d'avantages à l'industrie, à l'agriculture, au commerce français, est incalculable; et nous ne voulons pas aborder ici des détails qui nous mèneraient trop loin. L'évidence d'un tel résultat est trop éclatante pour ne pas frapper tous les esprits. Ce serait donc une œuvre de justice qui donnerait à l'enfant du pauvre, pour se faire jour dans la vie, les mêmes armes qu'à l'enfant du riche, jusqu'à présent d'autant mieux muni qu'il a moins d'obstacles à vaincre; qui rehausserait la valeur et la dignité de l'homme, et atténuerait bien des haines en effaçant bien des inégalités : cette dernière considération, jetée en passant, vaut qu'on y réfléchisse. Ce serait aussi une œuvre de progrès et de prospérité matérielle qui, en multipliant et en fortifiant les intelligences des producteurs, accroîtrait et améliorerait la production, c'est-à-dire le bien-être des particuliers et la richesse générale au dedans, en même temps que l'influence et le respect du pays au dehors.

» Je sais ce qu'on va dire : l'argent ! Il faudrait une armée d'instituteurs, chaque école en exigerait plusieurs d'aptitudes variées ; on les trouverait sans doute, mais où trouver leur traitement ?

» Je n'ai pas ici l'intention ni le temps d'étudier les voies et moyens. C'est à peine si je peux, en courant, indiquer les principaux traits de ma pensée...

» J'espère toutefois que l'heure de la vraie rénovation viendra ; que les lois, déjà trouvées depuis longtemps, qui président au développement de la civilisation et au progrès des sociétés, seront appliquées sans timidité comme sans violence ; que l'argent du peuple sera employé dans l'intérêt bien entendu du peuple, et qu'on finira par trouver, dans les amas d'écus qu'il donne, de quoi payer son instruction, c'est-à-dire sa force et sa prospérité. »

On pensera peut-être, après avoir lu ces passages, que ce n'est pas seulement du poète qu'on a le droit de dire qu'il est « l'homme des utopies »,

Les pieds ici, les yeux ailleurs.

En tout cas, le poëte est assez d'accord avec

l'ancien professeur dans sa vision de l'avenir.

..... Un jour, quand l'homme sera sage,
Lorsqu'on n'instruira plus les oiseaux par la cage,
Quand les sociétés difformes sentiront
Dans l'enfant mieux compris se redresser leur front,
Que, des libres essors ayant sondé les règles,
On connaîtra la loi de croissance des aigles,
Et que le plein midi rayonnera pour tous,
Savoir étant sublime, apprendre sera doux.
Alors, tout en laissant au sommet des études
Les grands livres latins et grecs, ces solitudes
Où l'éclair gronde, où luit la mer, où l'astre rit,
Et qu'emplissent les vents immenses de l'esprit,
C'est en les pénétrant d'explication tendre,
En les faisant aimer, qu'on les fera comprendre.
Homère emportera dans son vaste reflux
L'écolier ébloui ; l'enfant ne sera plus
Une bête de somme attelée à Virgile ;
Et l'on ne verra plus ce vif esprit agile
Devenir, sous le fouet d'un cuistre ou d'un abbé,
Le lourd cheval poussif du pensum embourbé.
Chaque village aura, dans un temple rustique,
Dans la lumière, au lieu du magister antique,
Trop noir pour que jamais le jour y pénétrât,
L'instituteur lucide et grave, magistrat
Du progrès, médecin de l'ignorance, et prêtre
De l'idée, et dans l'ombre on verra disparaître
L'éternel écolier et l'éternel pédant.

CHAPITRE XXI

LE LATIN ET LES LANGUES VIVANTES

On ne s'attend pas à ce que je reprenne ici la discussion soulevée naguère avec tant de retentissement par M. Raoul Frary. Mais la « question du latin » et la question des langues vivantes, qui lui est connexe, sont d'une importance si grave et si immédiate qu'il n'est pas permis de ne pas s'y arrêter un instant.

D'après Herbert Spencer, « si nous recherchons le motif réel pour lequel nous donnons aux garçons une éducation classique (c'est-à-dire fondée sur l'étude du grec et du latin), nous trouverons que c'est uniquement pour nous conformer aux idées courantes. On habille l'esprit de ses enfants comme on fait de son corps, suivant la mode régnante ».

Cette mode, pendant si longtemps exclusive, a, de nos jours, perdu beaucoup de terrain. L'enseignement spécial, réorganisé sous le nom d'Enseignement secondaire français, a déjà une clientèle aussi nombreuse que l'enseignement classique, et la verra certainement s'accroître dans de grandes proportions. Est-ce un bien? Est-ce un mal? Faut il aider ce mouvement, ou tâcher de l'enrayer?

Bien déterminer l'utilité de l'étude du latin sera répondre à ces questions.

Lamartine, parlant de ce « pénible travail de traduction obligée des poètes grecs et latins », au collège, a dit, non sans quelque vérité :

« Il y a de quoi dégoûter le genre humain de tout sentiment poétique. La peine qu'un malheureux enfant se donne à apprendre une langue morte, et à chercher dans un dictionnaire le sens français du mot qu'il lit en latin ou en grec dans *Homère*, dans *Pindare* ou dans *Horace*, lui enlève toute la volupté de cœur ou d'esprit que lui ferait la poésie même, s'il la lisait couramment en âge de raison. Il cherche, au lieu de jouir. Il maudit le mot sans avoir le loisir de penser au sens. »

Mais sa critique porte bien plus sur la méthode que sur la nature même des études. M. Emile de Girardin, dans un langage encore plus vif, s'attaque au fond même, à la valeur morale de l'enseignement classique.

« Quoi de plus propre, s'écrie-t-il, à fausser le jugement d'une jeunesse ardente que l'étude des auteurs grecs et latins? Elle exalte leur imagination ; toute politique autre que celle des républiques anciennes leur paraît sans grandeur; tout mouvement qui n'est pas une imitation de l'antique leur semble sans caractère ; toute autre carrière que celle des beaux-arts et des lettres est, à leur avis, sans gloire et indigne d'eux. Ils s'exaltent, prennent pour une vocation innée une direction erronée. Ils se font écrivains, et pour les désabuser de leur mérite, il ne faut pas moins que le refus brutal de cent éditeurs. »

Pour être exagéré dans sa forme, ce jugement ne s'en appuie pas moins sur de nombreux et incontestables faits. Il est permis de croire, cependant, que la suppression des études classiques ne ferait pas diminuer très sensiblement le nombre des auteurs, imprimés ou inédits.

Nulle part la presse n'occupe un personnel d'écrivains aussi nombreux qu'aux États-Unis, et ceux d'entre eux qui ont appris le latin sont relativement rares. On ne perdrait pas sur la quantité, mais sur la qualité, probablement.

« Sans doute l'étude de l'antiquité latine est pour les esprits une saine et fructueuse étude. Les monuments littéraires de ce peuple, sont histoire, offrent au jeune homme aussi bien qu'à l'homme fait une mine féconde d'enseignements, et ce n'est jamais sans profit que l'on contemple et que l'on cherche à comprendre les chefs-d'œuvre. On pourrait en dire autant, à plus juste titre encore, de la littérature et de l'histoire grecques, qui présentent le plus admirable ensemble dont une race d'hommes ai jamais laissé le souvenir : et il est vraiment très regrettable que la Grèce ne soit pas, dans nos collèges, mieux étudiée et mieux connue. Néanmoins, comme nous sommes de la famille néo-latine, que notre langue, nos lois, notre système administratif même ont leur origine à Rome, il est encore plus important pour nous que pour les peuples du Nord et d'Outre-Rhin de nous familiariser spécialement avec le

langage et les mœurs de ceux que nous pouvons
considérer comme des ancêtres.

» Mais c'est justement ce que nous ne faisons
pas, ou ce que nous faisons mal. Les mœurs, les
usages, les lois, la civilisation de Rome, sont
encore loin, malgré les progrès faits en ce sens,
d'être étudiés systématiquement dans nos
classes de lettres ; le cours d'histoire en fait le
sujet d'une ou deux leçons transitoires, destinées
à servir de préparation rapide à l'histoire du
moyen âge, et qui ne peuvent laisser une impression bien durable dans l'esprit des enfants......

» Quoi qu'il en soit, il est très bon d'être en
état de comprendre le latin, et nous souhaitons
vivement que ce talent grandisse encore chez
nos élèves. Mais n'oublions pas que nous for-
mons des aspirants au commerce, à l'industrie, à l'armée, au barreau, à la finance, à
l'administration ; des jeunes gens bons à devenir
élèves d'une école supérieure et spéciale, —
c'est le petit nombre, — à être commis dans un
ministère ou dans une étude, dans un comptoir ou
une banque : voilà à quoi sont destinés les qua-
tre-vingt-dix-neuf centièmes des enfants qui
passent entre nos mains ; c'est à cela que nous

devons les rendre aptes, en même temps que nous devons leur apprendre les devoirs qu'ils auront plus tard à remplir parmi les hommes. »

A la veille de la Révolution (1763), le procureur du roi au parlement de Bretagne, La Chalotais, s'écriait hardiment :

« Les connoissances que l'on acquiert au Collège, peuvent-elles s'appeler des connoissances? Que sçait-on après dix années qu'on emploie, soit à se préparer à y entrer, soit à se fatiguer dans le cours des différentes Classes? Sçait-on même la seule chose qu'on y a étudiée, les langues (le latin et le grec) qui ne sont que des instrumens pour frayer la route des sciences ? A l'exception d'un peu de latin qu'il faut étudier de nouveau, si l'on veut faire quelque usage de cette langue, la jeunesse est intéressée à oublier, en entrant dans le monde, presque tout ce que ses prétendus instituteurs lui ont appris. Est-ce là le fruit que la Nation devroit tirer de dix années du travail le plus assidu ? »

« Quoi! s'écrie J.-J. Rousseau, forcer un enfant d'étudier des langues qu'il ne parlera jamais, même avant qu'il ait bien appris la sienne ; lui faire incessamment répéter et construire des vers qu'il n'entend point, et dont toute l'harmonie n'est pour lui qu'au bout de ses doigts ; embrouiller son esprit de cercles et de sphères dont il n'a pas la moindre idée, l'accabler de mille noms de villes et de rivières qu'il confond sans cesse et qu'il rapprend tous les jours ; est-ce cultiver sa mémoire au profit de son jugement, et tout ce frivole acquis vaut-il une seule des larmes qu'il lui coûte ? »

Il me semble que Montaigne a résumé d'avance tout ce que l'on peut dire de sensé sur ce sujet dans cette phrase frappante : « C'est un bel et grand adgencement sans doubte que le grec et le latin, mais on l'achète trop cher. »

Tout le terrain que les études classiques perdront, c'est aux langues vivantes de le gagner. On a répété que les langues mortes seules avaient la vertu de féconder l'esprit ; qu'elles le soumettaient à une gymnastique vivifiante, dont aucune autre étude ne lui donnerait l'occasion, et que, quand même le latin et le grec seraient reconnus d'une complète inutilité pratique, il faudrait encore en faire le fonds de l'enseignment parce que l'esprit qui n'en est pas nourri est inévitablement inférieur.

On a répondu à cela cent fois. Ceux qui croient encore à la vertu mystérieuse et quasi mystique du latin pour ouvrir et féconder l'esprit, y croiront toujours, car ce n'est plus chez eux opinion raisonnée, c'est vraiment superstition. Les savants du moyen-âge, dont le latin était, comme on l'a dit de Rollin, la langue maternelle, ne paraissent pas avoir eu l'intelligence plus ouverte que les savants modernes, pour la plupart desquels la connaissance du latin n'est que bien secondaire, quand elle ne fait pas complètement défaut. La gymnastique intellectuelle, dont on a fait tant de bruit, s'obtiendra aussi bien avec l'allemand et l'anglais qu'avec le latin et le grec: les exercices valent autant, quel que soit le trapèze. Loin de moi l'idée de transformer la remarque suivante en raisonnement de cause à effet, et de dire, comme les anciens philosophes : *post hoc, ergo propter hoc;* mais il est à noter que les immenses progrès faits dans l'ordre scientifique datent du moment où la langue latine a commencé à ne plus être universellement en usage, et qu'ils ont augmenté

en proportion, pour ainsi dire, de son discrédit.
Dans l'ordre purement littéraire et esthétique,
un chef-d'œuvre en vaut un autre, et les
drames de Shakespeare sont aussi beaux que
les poèmes homériques. Enfin les grandes
œuvres produites à l'époque contemporaine
par les écrivains étrangers offrent l'avantage
direct de nous initier aux modes de la pensée
des peuples voisins, et d'éveiller en nous tout
à la fois une émulation et une sympathie, que
l'homme moderne ne saurait éprouver au
même degré en présence des manifestations
de la pensée antique.

Mais, encore une fois, ce n'est pas ici lieu
de discussion. J'ai voulu seulement rappeler
les points principaux d'un procès qui paraît
désormais jugé en dernier ressort, et, j'ose le
dire, à l'avantage des deux parties. Ceux qui
apprendront maintenant les langues classiques
seront ceux qui en auront le désir et le besoin.
Leur attention se concentrera sur cet objet de
leurs études, qui sera aussi le grand instrument de leur avenir, comme professeurs, litté-
rateurs ou érudits. Guizot, qui constatait, il y
a soixante-quinze ans, l'infériorité dans la-

quelle était tombée la connaissance de la langue latine, en signalait les causes en ces termes : .

« C'est par une excellente raison que l'on savait mieux le latin, il y a deux cents ans, que nous ne le savons aujourd'hui ; on avait plus de temps pour l'apprendre. Nos idées se sont trop multipliées, elles se sont étendues sur un trop grand nombre d'objets pour que nous devions raisonnablement consacrer à l'étude des langues mortes toute notre jeunesse. »

Il est donc bien naturel que ceux-là seulement le fassent qui doivent y trouver plus tard l'élément premier et indispensable de leurs travaux. Encore le savant positiviste Charles Robin veut-il qu'on n'aborde cette étude qu'assez tard.

« C'est dit-il, par l'étude des langues vivantes étrangères que l'enfant se préparera à étudier les langues mortes, plus scientifiques, dont les premières sont dérivées. »

Et il ne les étudiera pas simplement au point de vue immédiatement pratique, car « il est douteux que la connaissance purement

pratique d'un idiome contribue beaucoup à former l'esprit (1) », et nous voyons tous les jours
des jockeys ou des garçons d'hôtel qui s'expriment couramment en différentes langues, sans
que leur intelligence en soit beaucoup plus
brillante. Un savant philologue, qui s'occupe
avec une grande activité des questions d'enseignement, semble ne pas être de cet avis.
Il a, dans une conférence qui restera célèbre,
proposé comme le parangon des professeurs
de langues vivantes cette demoiselle dont la
méthode consiste à vêtir et à dévêtir une
poupée devant ses élèves, en leur nommant,
et en leur faisant nommer après elle, les différentes pièces du vêtement. Il a oublié de
nous dire si les élèves de cette personne ingénieuse ne se recrutent pas exclusivement
parmi les ouvrières de Worth ou de José-
phine.

Un autre haut fonctionnaire, qui est, je
crois, inspecteur général de l'Enseignement
technique, M. P. Jacquemart, a été singulièrement mieux inspiré que M. Michel Bréal, dans

(1) Mme Necker de Saussure.

15.

un discours prononcé le 28 février 1886, à la distribution des médailles et diplômes de la société commerciale pour l'étude des langues étrangères, et dont je demande la permission de citer quelques remarquables passages.

« On va jusqu'à prétendre que le bon sens et l'idée du devoir sont le monopole des anciens. On a parlé du *vide moral* qui résulterait de leur abandon.

» Messieurs, je suis de ceux qui pensent que la morale elle-même ressort mieux de la littérature moderne que de la littérature antique... Ce qui domine dans la poésie antique, c'est la croyance à la fatalité; le sentiment de la justice, de la responsabilité de l'homme, n'y apparaît qu'à de rares intervalles; et non-seulement la valeur morale de ces héros antiques me semble fort contestable, mais un grand nombre d'entre eux sont pour moi, je le déclare, fort peu édifiants !... »

Un peu plus loin, il dit encore :

« Notre société est une société démocratique.

» Or, quel est l'ouvrage ancien, je vous le demande, où nous puissions trouver exprimé le sentiment du respect et de l'amour des peuples ?

» Les poètes anciens ne chantaient que les rois et les guerriers !

» Un homme tel qu'Aristote jugeait l'esclavage absolument nécessaire !

» Trouverait-on chez les anciens un poète comme celui dont la France en deuil faisait naguère l'apothéose, un poète épris d'un idéal aussi élevé de justice et de bonté, aimant comme lui l'humanité jusqu'à la passion, un Victor Hugo, enfin ?...

» Je sais bien, messieurs, que depuis un petit nombre d'années, les langues vivantes ont fait, dans nos établissements universitaires, quelques progrès ; mais elles sont loin d'occuper, dans les programmes, la place qui leur revient.

» Elles sont encore l'accessoire.

» J'ai pour elles d'autres ambitions... »

Enfin, il se rencontre, dans ses conclusions, avec Charles Robin et notre auteur anonyme.

« La vraie solution a été proposée déjà en Angleterre, en Allemagne, par les Herbert

Spencer, les Matthew Arnold, les Dubois Reymond, et en France, avec plus de précision, par MM. Th. Ferneuil et Hippeau...

» Donnons à tous nos enfants, sans distinction, au début, la même instruction secondaire générale basée sur l'étude de la littérature française, de l'histoire et de la géographie, des sciences et des langues sérieusement apprises.

» Ils ne sauront ni grec ni latin, c'est vrai !

» Mais quand cette éducation générale sera terminée, vers l'âge de quatorze ans, par exemple, combien ne seront-ils pas supérieurs à leurs camarades du même âge de l'enseignement classique !

» S'ils ne doivent pas continuer leurs études, ils se trouveront préparés à toutes les carrières industrielles et commerciales, et leurs connaissances en langues vivantes leur permettront de rendre au pays d'inappréciables services.

» Vers la quatorzième année seulement, lorsque les aptitudes spéciales de l'écolier, venant à se révéler, lui traceront sa voie, la spécialisation devra commencer, et les enfants devront se diriger, suivant ces aptitudes, vers les écoles industrielles, commerciales, agricoles, ou s'engager dans la voie des études classiques proprement dites.

» Et je ne crois pas qu'il soit difficile de démontrer que les jeunes gens qui aborderaient l'étude du latin et du grec à quatorze ans seulement, mais pourvus d'un sérieux bagage de littérature française et étrangère, possédant bien une ou plusieurs langues vivantes, parviendraient aux enseignements des hautes écoles spéciales avec une culture générale supérieure à celle que donne l'enseignement classique actuel.

» Les études classiques elles-mêmes auront tout à gagner à ce nouvel état de choses. Leur clientèle serait diminuée, il est vrai, mais quel gain sur la qualité !... »

Le clou est planté. Il n'y a plus qu'à l'enfoncer jusqu'au bout. L'utopie d'hier est le progrès de demain. On peut le dire dans cette question avec d'autant plus d'assurance que la plus grande partie de la besogne est faite ou se fait au moment même où j'écris. Le Directeur de l'enseignement secondaire au ministère de l'Instruction publique, M. Zévort, qui préside et pousse aux réformes en cours de réalisation, aura attaché son nom à une des plus grandes œuvres de cette fin de siècle.

CHAPITRE XXII

L'INSTRUCTION UTILITAIRE

« On·demandoit à Agesilaus ce qu'il seroit
d'avis que les enfants apprinssent : « Ce qu'ils
doibvent faire estant hommes », respondit-il. »

C'est là, pour moi, le sens de ce terme :
instruction utilitaire, qui prend, dans certaines bouches, un accent de mépris railleur.
Non que je proscrive l'étude et la contempla-
tion du beau, la culture de l'idéal dans l'âme
humaine. Loin de là : je sais qu'il n'y a pas de
fruit sans fleur ; et là, encore, si l'on n'a pas le
superflu on ne saurait avoir le nécessaire. Mais
encore faut-il mettre chaque chose à sa place
et ne pas servir, aux repas de l'esprit, de la
crème en guise de pain.

Bossuet, qu'on n'accusera pas de ramper

à terre, — l'aigle de Meaux ! — envisageait un des côtés les plus utiles, les plus immédiatement et constamment pratiques de l'instruction, quand il prédisait aux enfants paresseux et insouciants le désordre lorsqu'ils seraient hommes. « Vous parlez maintenant contre les lois de la grammaire ; alors vous mépriserez les préceptes de la raison. Maintenant vous placez mal les paroles, alors vous placerez mal les choses... Enfin vous ferez tout sans ordre, si vous ne vous accoutumez dès votre enfance à tenir votre esprit attentif, à régler ses mouvements vagues et incertains, et à penser sérieusement en vous-mêmes à ce que vous avez à faire. »

Les esprits les plus simplement honnêtes et les esprits les plus fins sont d'accord sur cette question. Voltaire s'y rencontre avec l'abbé Fleury. Celui-ci y revient à plusieurs reprises dans son *Traité du choix des Études.*

« Votre éducation doit être l'apprentissage de votre vie ; vous devez y apprendre à devenir honnête homme, et habile homme selon la profession que vous embrasserez...

» Amasser beaucoup de connaissances,

même avec un grand travail, et se distinguer du commun en sachant ce que les autres ne savent point, tout cela ne suffit pas pour dire que l'on étudie ; autrement ce serait étudier que de compter toutes les lettres d'un livre ou toutes les feuilles d'un arbre, puisque ce serait une occupation fort pénible qui se terminerait à une connaissance fort singulière. »

Quant à Voltaire, on trouve, dans son *Dictionnaire philosophique*, une déclaration formelle, qui vient à l'appui de ce que nous disions au précédent chapitre, quoiqu'elle ait le tort de prendre pour exemple deux exceptions :

« Il faut que chacun apprenne de bonne heure tout ce qui peut le faire réussir dans la profession à laquelle il est destiné. Clairaut était le fils d'un maître de mathématiques ; dès qu'il sut lire et écrire, son père lui montra son art ; il devint très bon géomètre à douze ans ; il apprit ensuite le latin, qui ne lui servit jamais à rien. La célèbre marquise du Châtelet apprit le latin en un an, et le savait très bien ; tandis qu'on nous tenait sept années au collège pour nous faire balbutier cette langue, sans jamais parler à notre raison. »

Peut-être, comme l'a dit Platon, le plaisir d'apprendre est-il le plus grand de tous à un esprit raisonnable. Il est, sans conteste, parmi les plus grands. Mais s'ensuit-il qu'il ne faille apprendre que pour le plaisir d'apprendre, et que l'utilité, le profit matériel de l'étude que l'on poursuit enlève à sa valeur esthétique et morale ? Il y a des gens qui le croient ferme-ment, et un grand nombre d'autres qui l'ad-mettent sans y réfléchir, et qui, si on les pous-sait, finiraient par dire que le caractère propre des études libérales c'est de n'avoir pas d'application pratique. C'est en deux mots, faire le procès et porter la condamnation des études dites libérales, et donner raison à M. E. de Girardin quand il écrit :

« A notre avis, le vice de l'instruction uni-versitaire est de ne se rattacher à rien dans la vie ; de ne se lier ni au passé, ni à l'avenir, ni à l'homme, ni à l'enfant ; c'est d'être quelque chose à part, sans suite et sans connexité avec ce qui l'entoure ; c'est d'être coûteuse sans être productive ; d'employer beaucoup de temps sans but ; de n'apprendre enfin à l'homme qui la reçoit, que toutes choses qu'il lui est permis d'oublier, mais non pas de n'avoir point sues. »

Si cela a été vrai, dans une certaine mesure, ce l'est beaucoup moins aujourd'hui, et bientôt, il y a tout lieu de l'espérer, ce ne le sera plus du tout.

Le désir d'arriver de prime-saut au but, d'utiliser lucrativement l'instruction avant même qu'elle ait eu le temps d'être complète, de vouloir rentrer avec usure dans les frais qu'ont occasionnés les études en battant monnaie avec les connaissances acquises avant qu'elles soient digérées et que le jeune homme soit assez mûr pour se conduire dans la vie, c'est là un autre excès, qui n'est pas moins dangereux.

« Plus j'observe la jeunesse de mon temps, disait M. Thiers à l'assemblée législative de 1850, plus je suis frappé de cette incroyable prétention de parvenir sans temps et sans travail... Vous voyez des pères de famille qui veulent que leurs enfants sachent tout dans les quelques années qu'ils passent au collège... Je blâme cette ambition de faire d'enfants de seize ans des hommes dès à présent propres à toutes les carrières ; et tout cela vite, vite, avec bien peu de temps et bien peu de travail, de manière à obtenir le plus vite possible un résultat fructueux ! »

Il est certain que, si les parents doivent avoir de la patience et savoir faire des sacrifices d'argent, c'est pour l'éducation de leurs enfants. Les pères ne méritent pas ce nom, qui, comme le dit le vieux Salviat, « baillent plus de salaire à leur pallefrenier qu'au précepteur de leur fils ». Mais il n'en est pas moins parfaitement légitime de vouloir que l'enseignement reçu par ce fils ait une portée pratique et soit une valeur utilisable. Je ne sais trop si, comme l'affirme M. E. de Girardin, « les enfants n'ont de plaisir à dissiper leur patrimoine que parce qu'on néglige de leur donner les moyens de l'accroître en mettant en valeur leurs facultés intellectuelles, développées par une instruction rationnelle », et si les programmes scolaires ont jamais été pour beaucoup dans les dissipations des jeunes gens ; mais nul ne doute qu'il ne soit du devoir des parents d'armer leurs enfants des meilleures armes pour le combat de la vie. Ces armes varient naturellement selon les postes qu'ils doivent occuper : on ne donne pas un grand sabre au fantassin, ni un lourd fusil au cavalier. Plus tôt le jeune homme n'aura à compter que sur lui, et plus tôt ses qualités d'énergie, d'activité, de dignité et d'intelligence se développeront. « En être réduit à ses propres ressources, dit Franklin, c'est être jeté dans le giron même de la fortune, car nos facultés subissent alors un développement et déploient une énergie dont elles n'étaient pas, auparavant, susceptibles » Il faut donc que, dès ses débuts, il soit muni de manière à pouvoir se rendre utile à ses semblables, ce qui est la seule façon d'obtenir d'eux les mille et une choses nécessaires et que nous ne pouvons nous donner nous-mêmes. Aussi ne suis-je pas tenté d'élever la moindre objection contre ce conseil du même E. de Girardin: « Ne jamais réduire un jeune homme à se trouver seul, sans ressources, avec son talent et l'obligation d'un rang à tenir dans la société, en attendant qu'il se soit formé une clientèle, voilà ce que les parents de la classe moyenne ne doivent jamais perdre de vue. »

La grande question du choix d'une carrière

n'entre pas dans le sujet de ce petit livre ; mais pour savoir comment on doit élever ses enfants, encore faut-il ne pas ignorer tout à fait quel est le but, je veux dire la destination ultérieure, pour lequel on les élève.

On diminuera ainsi cette marée montante de dévoyés, de déclassés, de fruits secs, de ratés, d'impuissants, de mécontents et de jaloux, qui recouvre aujourd'hui les abords de toutes les carrières de son flot stérilisant.

Vous voulez, brave père, faire de votre fils un avocat, un médecin, que sais-je ? et vous êtes décidé à employer toutes vos ressources, même un peu plus s'il le faut, pour atteindre ce but glorieux. Et quand il sera atteint, lui procurerez-vous des causes, lui amènerez-vous des malades ? Vous avez épuisé vos économies, engagé peut-être l'avenir, si incertain à votre âge, sans donner à votre fils, malgré tous ses diplômes, un moyen à peu près assuré de gagner par jour de quoi faire ses deux repas.

Qu'il aurait mieux valu suivre le conseil de Montaigne, et le mettre « pastissier dans quelque bonne ville » !

Boileau, de son côté, n'a-t-il pas dit :

Soyez plutôt maçon, si c'est votre talent,

montrant ainsi une fois de plus que le robuste bon sens s'accorde à merveille avec l'esprit le plus délié et le plus fin.

L'instruction professionnelle doit donc être largement offerte à ceux qui veulent en profiter, et les pères s'égareraient étrangement qui, par ambition ou gloriole, lorsqu'ils ne sont pas en position de soutenir leurs enfants pendant de longues et coûteuses années, dédaigneraient cette éducation.

A ce propos, je demanderai encore à M. E. Legouvé une anecdote, qui me fournira l'occasion de citer le nom d'un homme dont le nom est bien oublié, quoi qu'il ait des droits à la reconnaissance du pays. « Goubaux, chef de la pension Saint-Victor, devenue depuis le collège Chaptal, venait de rompre nettement avec l'éducation universitaire et d'inaugurer en France l'éducation professionnelle. Son ambition était de pouvoir substituer pour son établissement le titre de Collège au titre d'Institution. L'autorisation du ministre était indispensable.

Sachant mes relations avec M. Villemain, il me pria d'aller la lui demander. J'y vais. A mon premier mot, voilà un homme qui part en invectives. Toutes ses convictions et tous ses préjugés d'universitaire se révoltent; cette éducation nouvelle, cette éducation sans grec et sans latin, lui semble un sacrilège, et il termine son dithyrambe par cette parole significative : « *Un* » *collège français !... jamais !* — Au fait, lui ré-» pondis-je froidement, *en France!* cela me pa-» raît juste. » A ce mot il s'arrête... Il pâlit.., et marchant vers la porte pour couper court à l'entretien : « Ah ! c'est la guerre, me dit-il... Eh » bien, soit !... Vous écrivez dans le journal *le* » *Siècle,* eh bien, attaquez-moi ! Attaquez-moi ! » Et il me congédie. Je reviens chez Goubaux, la tête fort basse, et je lui conte le triste succès de mon ambassade. Le lendemain à dix heures, il recevait du ministère l'autorisation de changer le titre de pension Saint-Victor contre celui de collège François Ier. M. Villemain avait reculé devant un article que je n'aurais jamais fait. »

En résumé, quelle que soit l'instruction que nous fassions donner à nos enfants, souhaitons qu'on ne puisse pas répéter à leur endroit l'épigramme de Lebrun :

> Il sait Pindare, il sait Homère,
> Il sait Aristote et Platon.
> Moïse et Sanchoniaton ;
> Il sait même encore, dit-on,
> Parler grec, chinois, bas-breton :
> Que ne sait-il plutôt... se taire?

CHAPITRE XXIII

LE COLLÈGE

Qu'est-ce que le collège ? Les uns répondent une caserne ; les autres, une prison. « C'est une vraye geaule de jeunesse captive », dit Montaigne. « C'est une prison, et la salle de classe un cachot », reprend l'anglais Coleridge, poète et philosophe. « Savez-vous ce que c'est qu'un collège, ô libres penseurs ! s'écrie Victor de Laprade. C'est un couvent ; le savez-vous, ô chastes mères de famille ! c'est une caserne ; vous le savez trop, pauvres enfants, c'est une prison. » Plus posément, M. Paul Janet dit à son tour : « Le collège sans la famille est un système barbare et brutal, auquel je préfère de beaucoup la famille sans le collège. »

Voici quatre vers de Richepin qui sont d'impression vraie et d'expression saisissante :

Je ne regrette pas mon enfance. Les jours
Du collège me sont un souvenir morose :
Leçons, devoirs, pensums, haricots et chlorose,
Et l'ennui qui suintait aux quatre murs des cours.

Enfin je rappellerai l'impétueuse sortie de
V. Hugo dans *les Contemplations*. C'est une
hyperbole, et le poète ne l'envisageait pas autrement; mais ce n'en est pas moins, dans sa
virulente exagération, une indication précieuse
des souvenirs que le collège laisse à la plupart
de ceux qui y ont passé.

Marchands de grec! marchands de latin! cuistres, dogues!
Philistins! magisters! je vous hais, pédagogues!
Car, dans votre aplomb grave, infaillible, hébété,
Vous niez l'idéal, la grâce et la beauté!
Car vos textes, vos lois, vos règles sont fossiles!
Car, avec l'air profond, vous êtes imbéciles!
Car vous enseignez tout, et vous ignorez tout!
Car vous êtes mauvais et méchants! — Mon sang bout
Rien qu'à songer au temps où, rêveuse bourique,
Grand diable de seize ans, j'étais en rhétorique!
Que d'ennuis! de fureurs! de bêtises! — Gredins! —
Que de froids châtiments et que de chocs soudains!
« Dimanche en retenue et cinq cents vers d'Horace! »
Je regardais le monstre aux ongles noirs de crasse,
Et je balbutiais : « Monsieur... — Pas de raisons!
Vingt fois l'ode à Plancus et l'épître aux Pisons! »

—On regrette le collège quand on en est sorti.

C'est le plus beau temps de la vie qu'on y passe.—
Ainsi ont coutume de parler nombre d'hommes
graves, et dans leurs paroles il y a bien la moitié de vrai. Certes, si ce n'est le plus beau temps,
c'est du moins une admirable période de la vie,
précieuse entre toutes, qu'on y passe, et ce n'est
point merveille qu'on ait souvent à la re-
gretter. Mais qu'on regrette le lieu où on l'a
passée, voilà qui me semble rare parmi ceux
qui l'ont passée au collège et qui sont francs.
Je ne me souviens plus si c'est en parlant de ce
temps si fortuné que Mme de Lambert a dit :
« La plupart des hommes emploient la première
partie de leur vie à rendre l'autre misérable ».
Mais s'il est vrai que moins l'enfance dure et
plus le reste de la vie est triste et sombre, comme
un jour qui serait privé d'aurore, cette phrase
pourrait s'appliquer à ce temps-là avec un sin-
gulier à propos.

On a besoin d'une certaine liberté d'esprit pour
parler sur ce sujet sans passion ni réticences. Il
faut s'interroger minutieusement et de sang-
froid, ce qu'on n'a pas toujours le temps ou la
volonté de faire. « Le collège nous prend et nous

façonne à notre insu ; et quand il a terminé son œuvre, nous n'avons pas le loisir de réfléchir sur la nature des influences auxquelles nous avons été soumis, ni sur la trempe des armes qu'on nous a mises en main. La nécessité presse, et ce n'est pas au fort du combat qu'un soldat étudie le mécanisme de son fusil. »

L'évêque Dupanloup, qui avait fait de son séminaire d'Orléans une maison d'éducation du premier ordre, a dit que « c'est souvent dans la maison paternelle que se perd l'esprit de famille. » Si la mère est légère, si le père est trop dur, ou indifférent, ou débauché, cette remarque est vraie. Mais cela prouve-t-il la vérité de la conséquence qu'elle suggère, à savoir que l'esprit de famille se conserve ou s'acquiert au collège ? Il faudrait de la hardiesse pour le prétendre, et l'évêque d'Orléans, lui-même, ne le fait pas. « Je suis, déclare-t-il, partisan de l'Éducation publique ; mais je crois qu'il y a de grands périls à la commencer trop tôt ; je n'approuverai jamais qu'on y livre des enfants, auprès desquels nul dévouement ne pourra jamais suppléer à la sollicitude paternelle et maternelle. »

Il insiste, et dit encore : « L'Éducation publique est, selon moi, la meilleure à un certain âge ; mais toute Éducation publique où l'on jette un enfant pour s'en débarrasser, ne fera jamais qu'une œuvre détestable. Tout enfant dont les parents se débarrassent, en le mettant en *pension*, ne tardera pas à se débarrasser lui-même de ses parents, et bientôt aussi de ses maîtres. »

N'est-ce pas ce qui arrive souvent, et faut-il s'étonner outre mesure, dans ces circonstances, de la boutade de La Fontaine :

> Je ne sais bête au monde pire
> Que l'écolier, si ce n'est le pédant?

A quoi sert donc le collège ? « Si nostre ame n'en va un meilleur bransle, si nous n'en avons le jugement plus sain, j'aymerois aussi cher que mon escholier eut passé le temps à jouer à la paume : au moins le corps en serait plus alaigre. Voyez le revenir de là, après quinze ou seize ans employés ; il n'est rien si malpropre à mettre en besogne : tout ce que vous y recognoissez davantage, c'est que son latin et son grec l'ont rendu plus sot et plus presumptueux qu'il n'estoit party de la maison. Il en debvoit rapporter l'ame plaine, il ne l'en rapporte que bouffie, et l'a seulement enflée au lieu de la grossir. »

Tous les écoliers heureusement ne ressemblent pas à celui de Montaigne, et, depuis son temps, les collèges ont notablement amélioré leur régime intérieur et leur enseignement. Les maîtres, s'ils n'ont pas tous « des entrailles de mère », comme le demandait l'oratorien B. Lamy, sont pour la plupart des pères de famille, membres actifs de la société, dont ils partagent les tendances et connaissent les besoins. Les enfants trouvent presque toujours chez leurs professeurs une intelligente sympathie qui les soutient et une chaleur qui les entraîne. Il est bon pour eux, à un certain point de vue, de se trouver au milieu d'enfants de leur âge : c'est ainsi que naît et s'entretient l'émulation ; c'est ainsi que, par le contact journalier avec leurs semblables, ils se préparent aux relations qu'ils seront appelés à avoir dans le monde. Ces avantages, il est vrai, sont compensés par de graves inconvénients et par de réels périls que je signalerai bientôt. Enfin, pour certaines orga-

nisations supérieures et délicates, le collège
produit l'excellent effet signalé par M. Paul
Janet d'une façon trop générale : « L'enfant qui
n'a pas quitté la famille s'y repose machinale-
ment, celui qui l'a quittée s'y réfugie avec délices. » Quant à ceux qui mettent leurs enfants
en pension *pour s'en débarrasser*, c'est du plus
sacré de leurs devoirs qu'ils se débarrassent,
et je les renvoie à l'opinion du prélat catholique
que je citais tout à l'heure.

La vie de collège, dit-on souvent, est l'image
de la vie sociale, et c'est pour cela que le collège
forme admirablement les hommes. — Je ne
sache pas, pour mon compte, que dans la vie
sociale les hommes soient parqués en quartiers,
mangent au réfectoire, dorment au dortoir sous
l'œil vigilant et sévère d'un être supérieur en
autorité qui est le berger du troupeau. L'abbé
de Saint-Pierre nous dit, et il pourrait bien
ne pas se tromper, sauf l'exagération, qu'on
habitue les écoliers à penser qu'il y a beaucoup
plus de mal à faire une faute contre la grammaire, qu'il n'y en a à faire une injustice. Les
enseignements de la morale sociale ont-ils ce
caractère ? Il serait difficile de le soutenir. Mais,

laissant de côté ces différences et d'autres aussi peu insignifiantes, je citerai l'opinion d'un homme, grand partisan de l'instruction publique, et que nul ne suspectera de partialité.

« La pension et le collège, dit P. J. Stahl, ne sont que l'enceinte légale de l'éducation essayée en commun; tant qu'on n'en a pas franchi le seuil pour la dernière fois, tant qu'on ne s'est pas trouvé dans l'immense carrefour de la vie, obligé de choisir sa route, l'esprit n'est encore qu'un oiseau en cage. Nul ne peut dire quel sera son vol, quand le libre espace s'ouvrira devant lui. »

W. Cobbett est encore plus positif.

« Les enfants élevés à l'école apprennent beaucoup moins vite que les autres à penser et à agir comme des hommes. Des petits garçons qui ne voient que des petits garçons continuent à rester des enfants, et il est évident que les confiner en pareille société, c'est retarder leur développement. »

E. Legouvé a bien résumé le pour et le contre de l'éducation de collège, et arrive à la vraie conclusion, dans ce passage :

« Certes, l'éducation publique agit énergiquement et salutairement sur les caractères Elle les rend souvent plus fermes par le besoin de se défendre ; elle les rend plus justes par la nécessité de respecter les droits d'autrui ; elle mate les orgueilleux, et tourmente les vaniteux, elle trempe les pusillanimes par une vie rude et simple ; mais aussi que de leçons de mensonge, d'envie, d'indélicatesse, parfois d'improbité ! Abandonnez un caractère un peu farouche ou un peu faible à ce monde où règne la force, et il va souvent devenir cruel ou lâche, despote ou vil ; je ne parle pas des autres vices. La vie commune est une vie de lutte, il ne faut s'y présenter qu'armé. Or, qui peut armer l'enfant ? Sa mère seule. »

Il n'en est pas moins vrai que le collège est nécessaire encore, et le sera longtemps, pour l'instruction de notre jeunesse. L'idéal serait les cours au lycée et la vie dans la famille. L'externat, et, dans une mesure moindre, la demi-pension réalisent cet idéal. Mais il n'est pas donné à tout le monde d'y pouvoir prétendre. Un grand nombre de motifs impérieux, dont le plus fréquent est l'éloignement, obligent les pères de famille à mettre en pension leurs enfants. Les exigences absorbantes des affaires, la conscience qu'ont les parents de leur incompétence, la modicité des ressources qui ne permettent pas de payer un répétiteur, tels sont les autres causes ordinaires de l'affluence des internes dans les maisons d'enseignement.

Ces maisons, je le répète, sont aujourd'hui bien différentes de ce qu'elles furent. L'aménagement, le bien-être y ont fait de merveilleux progrès. Mais, « quelles que soient les améliorations apportées au régime du collège, si ce régime est contraire par essence aux besoins du jeune âge, s'il constitue un milieu où les conditions nécessaires au développement et à l'évolution du corps qui croît ne peuvent être réunies, s'il substitue une vie artificielle à la vie naturelle, s'il intervertit les termes de la loi qui préside aux progrès physiques et intellectuels des êtres, l'enfant ne peut manquer d'en ressentir les désastreux effets, et le mal, pour être atténué, n'en sera pas moins encore profond et menaçant. »

C'est ce que nous allons examiner.

CHAPITRE XXIV

QUELQUES EFFETS DE L'INTERNAT

« Je ne veulx pas qu'on emprisonne ce garçon, je ne veulx pas qu'on l'abandonne à la
cholere et humeur melancholique d'un furieux
maistre d'eschole, je ne veulx pas corrompre
son esprit et le tenir à la gehenne et au travail,
à la mode des aultres, quatorze ou quinze
heures par jour, comme un portefaix. »

Qui le voudrait? Et cependant, à part l'humeur
mélancolique du furieux maistre, qui s'est
égayée et humanisée, le reste n'a pas subi d'essentiel changement. On n'a pas encore trouvé
le moyen — et le trouver ne parait pas facile — de donner l'instruction nécessaire aux
enfants éloignés des villes, sans les mettre en
pension dans une maison d'enseignement. Mais

il arrive que beaucoup vont au-devant de ce mal, nécessaire pour d'autres. Les parents ne sont pas rares qui condamnent leurs fils ou leurs filles à la vie de pension, sans être absolument contraints à le faire. Il est bon que ceux-là sachent la responsabilité qu'ils encourent; car la plupart l'ignorent, certainement.

« Les enfants sont toujours en mouvement ; le repos et la réflexion sont l'aversion de leur âge ; une vie appliquée et sédentaire les empêche de croître et de profiter ; leur esprit et leur corps ne peuvent supporter la contrainte. Sans cesse enfermés dans une chambre avec des livres, ils perdent toute leur vigueur ; ils deviennent délicats, faibles, malsains, plutôt hébétés que raisonnables ; et l'âme se sent toute la vie du dépérissement du corps (1). »

Je laisse maintenant parler l'auteur du travail inédit dont j'ai déjà donné plusieurs extraits. Le jeune écrivain a parfois la plume un peu vive et acerbe ; mais, en somme, il ne fait que relever des défauts qui sont inhérents à l'institution même, et dont la suppression

(1) J.-J. Rousseau.

complète n'est pas au pouvoir des hommes, même les plus zélés. Ceux-ci font ce qu'ils peuvent, combattent, atténuent, limitent le mal. Mais tant que l'internat sera nécessaire, le mal ne pourra pas ne pas exister.

Sous l'influence du régime de l'internat, dit notre manuscrit, « l'enfant s'étiole : il devient pâle, malingre ; son œil terni se cerne ; ses épaules remontent ; son dos se courbe. Les maladies qui se déclarent, ou dont le germe se prend au collège, sont nombreuses. Elles doivent être attribuées, pour la plupart, au manque d'air et d'exercice. Le corps a ses exigences, aussi sacrées que celles de l'esprit, et qui doivent être satisfaites les premières. L'esprit, en effet, n'est que la faculté suprême de notre être, le *summum* de ses manifestations, la fleur même de la plante humaine. Quel fou voudrait faire éclore la fleur avant le développement de la plante ? C'est ce que nous faisons tous les jours. Si la plante devient chétive, si elle reste stérile après cette floraison prématurée, si elle se dessèche et meurt sans porter de fruit, il n'y a vraiment pas de quoi surprendre. C'est le contraire, quand il se produit, qui est étonnant.

» Au moral, la conséquence est pire. La contrainte engendre la dissimulation, et la peur engendre le mensonge. L'enfant se cache pour causer, pour grimacer, pour sculpter son nom sur la table ; il donne des coups de pied à son voisin, sous le banc ; il lance furtivement des boulettes ; si le maître tourne le dos, il fait des *singeries*, pour employer le mot consacré. Il n'y a pas d'invention dont il ne s'ingénie. Je me rappelle avoir fait du chocolat dans un creuset et au feu d'une lampe à esprit de vin *chipés* au cabinet de physique, le tout installé à l'abri de l'inquisition du maître, dans un coin de mon pupitre. Nous avalions cette cuisine, mon voisin et moi à l'aide de deux tubes en verre de même provenance. C'est un petit fait entre mille. Mais toutes ces précautions, toutes ces ruses finissent par être mises en défaut. — Un tel, une heure de retenue, pour bavardage ! — Ce n'est pas moi, monsieur ! répond immédiatement l'enfant, cherchant à se tirer d'affaire par un mensonge audacieux.

» Ce vice acquiert chez le collégien des proportions énormes. L'élève pris en flagrant délit, ment effrontément, obstinément. Un jour, en promenade, un surveillant découvre un élève fumant derrière une meule de foin. — Vous fumez! dit le maître. — Non, monsieur, réblique l'élève avec assurance, en lâchant une bouffée de fumée en même temps que sa dénégation. Ici encore je n'invente rien, pas plus que je n'inventérai chaque fois que je citerai un fait dans le courant de cette étude.

» Quel respect pour la vérité aura plus tard un homme qui se sera fait ainsi du mensonge une habitude d'enfance? En est-il beaucoup qui trouveront assez d'honnêteté et d'énergie pour se débarrasser, devenus grands, du vice que la tyrannie et l'effroi leur donnèrent quand ils étaient petits, et qui pourront être des hommes francs après avoir été des écoliers menteurs? Toutes ces fourberies, tous ces engagements inobservés, toutes ces promesses violées, toutes ces trahisons, toutes ces turpitudes écœurantes que présentent la vie politique, la vie commerciale, la vie civile, on ne s'égarerait peut-être pas beaucoup en en cherchant la source dans l'éducation.

» Il y a autre chose encore. Ici le point est délicat, et le plus souvent passé sous silence.

Mais nous n'aurons pas cette déshonnête pudeur qui empêche de parler d'un mal parce qu'il est choquant, qui refuse d'examiner et de panser une plaie sous prétexte qu'elle est indécente. Combien plus choquante, plus indécente encore est la réserve hypocrite, qui permet au mal de faire de nouvelles victimes, qui laisse la plaie se creuser et devenir mortelle!

» La corruption se glisse dans nos établissements scolaires; je ne dis pas seulement les écoles de l'Université, je dis aussi les écoles ecclésiastiques. Je connais les unes et les autres, et ce que j'avance, je peux l'affirmer. Le fait, du reste, n'est particulier ni à la France, ni à notre époque. Il n'y a ni à nier, ni à s'indigner. C'est une jouissance malsaine et funeste que l'enfant se procure avant le temps, et par des moyens qui violentent la nature. C'est la débauche du jeune âge, ni plus ni moins; et c'est beaucoup trop.

» Je ne crois pas que ce vice, non plus qu'aucun autre, puisse jamais être extirpé entièrement des maisons d'internes. Mais on pourrait, du moins, ne pas placer l'enfant précisément dans les circonstances les plus propres à le faire se développer et à le rendre prédominant. Je ne parle pas de la vie en commun, de cette promiscuité fatale aux mœurs aussi bien au collège qu'ailleurs ; ce n'est pas ce côté de la question que j'envisage aujourd'hui. Je veux dire seulement que rien ne prédispose l'enfant à se donner cette excitation factice et dangereuse des sens, comme l'inaction, les longues heures de désœuvrement physique, où les énergies du corps ne savent où se prendre, tandis que le jeune cerveau travaille et bout...

» Que chacun de nous veuille bien interroger ses souvenirs, se rappeler ce qui se passait de son temps aux études du soir, dans les cours, au dortoir ; et qu'il dise si j'exagère.

» Ce n'est point le lieu d'entrer dans de plus amples détails. Il y a des livres spéciaux qui traitent à fond ce sujet. Les médecins expérimentés qui les ont écrits sont d'accord avec nous, et donnent des effets de ce vice les plus nombreux et les plus tristes exemples.

» Cette question de l'éducation physique est capitale. Le reste, ne l'oublions pas, ne vient qu'après. Ce qu'il faut former tout d'abord c'est

l'appareil d'os, de muscles, de nerfs et de sang,
à l'aide duquel l'homme sent, comprend et veut.
L'intelligence, la volonté sera bonne ou sera
mauvaise, sera forte ou sera faible, selon que les
organes seront sains ou malades, robustes ou
débiles, harmonieux ou mal équilibrés. Et ici
il n'y a pas que l'individu à considérer ; c'est la
nation tout entière qui est en jeu. Est-il besoin
d'insister? Est-ce au lendemain d'une leçon
aussi terrible que celle que la France a reçue
qu'il faut s'attarder à démontrer la nécessité
d'avoir des enfants vigoureux pour faire des
générations solides? Nous sommes les plus
petits hommes de l'Europe. L'accroissement
de la population est chez nous beaucoup plus
lent qu'en Angleterre et qu'en Allemagne. La
santé dans sa plénitude devient chose rare ailleurs qu'aux campagnes; l'éducation des jeunes
ouvriers dans les ateliers et les usines, et des
jeunes bourgeois dans les collèges, engendre
toutes sortes d'affections qui s'accumulent par
l'hérédité et font décroître la race ; les maladies
du poumon, les palpitations, l'anémie font partout des victimes, et je n'en vois guère autour
de moi qui ne soient pas atteints.

» C'est donc par là qu'il faut prendre l'œuvre de notre relèvement. C'est donc le corps qu'il faut tout d'abord fortifier. Et comment arriver à ce but, lorsque tout, dans le régime imposé aux enfants, semble être combiné pour provoquer cette langueur, cet appauvrissement de sève, cette pâleur de sang et ces maladives excitations nerveuses, qui nous frappent tous, que nous déplorons, et au-devant desquels nous précipitons nos fils avec l'aveuglement de la routine et l'entêtement du préjugé?

» Les gymnases de l'Allemagne, les écoles de l'Angleterre sont bien supérieurs à nos établissements, sous ce rapport. La moitié du jour y est donnée au jeu; les instruments de gymnastique, trapèzes, barres, échelles, cordes, anneaux, sont constamment sous la main des élèves; et même pendant les classes et les études, la légèreté, la pétulance des élèves trouve plus de tolérance et de liberté. Dans un grand nombre d'écoles anglaises, le samedi tout entier est consacré au repos de l'esprit et aux exercices du corps; et le dimanche, entre les offices et les prières malgré l'excessive retenue puritaine le jeu et le gymnase occupent le temps...

17.

» L'éducation intellectuelle est-elle en des conditions meilleures? Compense-t-on, du moins, par les progrès de l'intelligence, l'affaiblissement du corps?

» La question est toute résolue. Si le corps, suivant les lois de la nature, doit se développer librement pour que le cerveau ait le plein exercice de ses facultés, il n'est guère possible que l'élève devienne plus intelligent en même temps qu'il devient plus débile. Les apparences ici sont souvent trompeuses. Cet enfant de quatorze ou quinze ans, grand, frêle, pâle, à la joue creuse, au front déjà ridé, l'admiration de ses maîtres parce qu'il fait un discours sans solécisme et sans non-sens trop choquant, ce petit prodige, il y a gros à parier qu'il ne sera, dans la vie, qu'une de ces médiocrités vaniteuses et vides, qui encombrent les lettres, la finance, l'armée, l'administration. Et je prends une hypothèse favorable. Combien de fois ne sera-t-il, purement et simplement, qu'une non-valeur ou un crétin?

» C'est là une loi physiologique inéluctable. Enchaîner le corps et mettre en serre chaude le cerveau est une méthode infaillible pour faire des monstres... Nous sentons nous-mêmes que nous sommes mal équilibrés, qu'il n'y a pas un juste rapport entre nos facultés physiques et nos facultés intellectuelles, que ces dernières sont incohérentes, que l'ordre n'existe pas plus dans notre économie physiologique que dans notre économie sociale. Tout le monde s'accorde en ce point; les doléances et les inquiétudes sont universelles; les partisans les plus obstinés du *statu quo* ne parlent pas là-dessus autrement que les plus zélés promoteurs du progrès. D'où vient ce défaut dans la balance, ce manque de proportions, cette rupture d'harmonie, sinon du malentendu fatal qui fait sacrifier, dans l'éducation, les muscles au cerveau, qui met dans les têtes un feu stérile, et dans les membres une lymphe glacée ?

» Nous avons entendu maintes fois de tendres mères, des pères pleins de sollicitude, dire, en parlant de leur enfant, et non sans une nuance d'orgueil : — Le pauvre petit! Il est un peu souffrant, ces vacances, et ne peut guère sortir. Il travaille tant! Il a remporté tous les prix de sa classe. Et même maintenant, obligé de garder la chambre, il a toujours un livre à la main.

» Ainsi voilà un enfant chez qui le régime de l'internat a porté ses plus beaux fruits. Il apprend tout ce qu'il veut, comme disent encore les parents ; toutes les récompenses sont pour lui ; mais, pendant les vacances, il n'a pas même la force de retremper au grand soleil ses pauvres membres engourdis, comme dissous par l'ombre léthargique du collège. Et ses parents, qui aperçoivent la cause du mal, tant elle est visible, au lieu de réagir contre, de remonter sa nature, de l'envoyer, en lui faisant violence les premiers jours, courir dans les champs et récolter cette salutaire fatigue corporelle qui délasse l'esprit, active les fonctions naturelles et entretient la santé, — ses parents le choient, le dorlotent, l'assoient dans un bon fauteuil, un livre à la main, pour qu'il achève à son aise de s'étioler et de s'abêtir. En vérité, quoi de plus monstrueux ?

» Il ne se passe guère d'année que les journaux ne nous signalent des cas de folie dans les hautes écoles de l'État, polytechnique, normale ou autre ; et ces cerveaux détraqués ne sont, au dire des aliénistes, que des cerveaux surmenés. Quant aux maniaques, aux esprits bizarres, aux *toqués*, on ne les compte pas. Ne sont-ce pas, encore une fois, de désolantes monstruosités ?..... »

Quelles que soient les réformes de détail, quelle que soit la bonne volonté des maîtres, « on n'aura rien gagné, continue l'auteur, tant qu'on ne sera pas résolu à ne pas changer l'ordre de la nature, à ne pas vouloir que le cerveau se développe avant les membres, et que l'enfant ait l'intelligence mûre avant d'avoir le corps formé..... »

E. Legouvé, grand ami de l'éducation publique dans les limites que nous avons vues, s'élève avec force contre l'habitude d'y soumettre trop tôt l'enfant. « Rien ne nuit plus à l'originalité de l'esprit, dit-il, que l'éducation publique et commune trop tôt commencée. Jetez dans un seau de petits cailloux de toutes formes, et remuez-les longtemps ensemble, le frottement les aura bientôt changés en autant de pierres rondes. Ainsi des enfants..... Que d'intelligences rebelles, mais fortes au fond, que d'esprits délicats ou de natures puissantes, mais dont

la puissance même réclamait des soins particuliers, ont été rebutés, dégoûtés, empoisonnés
peut-être par ce régime de gamelle ! »

Lui aussi n'admet l'internat que lorsque les
circonstances ne permettent pas un autre
régime ; il apporte à sa manière de voir un
argument qui ne manque pas de poids, et que
je reproduis textuellement. « Le proviseur d'un
des grands lycées de Paris me disait hier que
la tête de toutes les classes était tenue par les
externes libres. Quelle preuve du nouvel esprit
de famille ! Quel témoin en faveur du mélange
de l'éducation domestique et de l'éducation publique! Comme ce seul fait dit éloquemment
tout ce que les parents peuvent faire et tout ce
qu'ils font ! »

Un tout jeune homme, presque un enfant, déjà plein de dégoûts sans avoir rien goûté, a
exprimé dans des vers touchants, à défaut d'autre mérite, la désespérance et le vide que met
dans une jeune âme le régime de l'internat :

> Adieu, baisers de mère ! adieu, sainte douceur,
> Vieux toit de la famille où ma trop courte enfance
> Avait passé, joyeuse, au sein de l'innocence !
> Adieu ce que j'aimais ! Adieu, naïveté

Qu'un souffle corrupteur, dans mon âme jeté,
A séchée et flétrie, ainsi qu'un vent d'orage
Flétrit la jeune fleur et le tendre feuillage !
Ah ! je n'ai pas longtemps gardé ces doux trésors !
Mes amis sont entrés dans mon âme, et dehors
Ont jeté par mépris tous les dons que ma mère
Avait versés en moi comme en un sanctuaire.

CHAPITRE XXV

CE QUE LES FILLES DOIVENT SAVOIR

Le traité de Fénelon pour l'ancienne France, les lumineux et profonds travaux de M. O. Gréard pour la France contemporaine, épuisent la question et sont connus de tous ceux qui s'en occupent. Je pourrais me contenter d'y renvoyer le lecteur; mais il est certains points sur lequels je voudrais insister ici.

« Savez-vous pourquoi il faut bien élever les femmes? a dit E. Legouvé. Parce que c'est le meilleur moyen de bien élever les hommes! »

C'est, en effet, à la femme qu'appartient l'éducation de l'enfant; tout ce livre est consacré à mettre cette vérité en évidence. Or, « dire à une femme : Vous élèverez vos fils et vos filles, n'est-ce pas lui permettre, n'est-ce pas lui imposer l'acquisition de toutes les sciences et du même coup lui en donner l'emploi? Si l'on regarde le professorat comme une carrière suffisante pour l'activité d'un homme, que faudra-t-il dire de cette éducation par la mère, où elle prodigue non-seulement tout son esprit, mais son âme même et sa vie ? »

Aimé Martin, dans quelques lignes aimables et dont la poésie un peu banale ne sent ni le pédagogue ni le savant, exprime un sentiment analogue.

« Ici-bas, il n'y a de puissance universelle que celle des femmes. La nature leur a donné notre enfance et livré notre jeunesse. Enfants, nous leur devons nos pensées ; jeunes, nous leur prodiguons nos sentiments ; et plus tard elles continuent comme épouses ce qu'elles ont commencé comme mères et comme amantes. Ainsi le cercle tout entier de notre vie se déroule sous leur influence. La mission de la faiblesse est de régler la force ; la mission de l'amour est de faire aimer la vertu. »

Plus fortement, et avec la précision d'une formule scientifique, Ch. Robin a dit : « Destinées à diriger l'éducation de la première et même de la deuxième enfance, les femmes doivent savoir tout ce qu'il est nécessaire d'apprendre à cet âge. »

Il semble que cette opinion doive s'imposer à tous, tellement elle est logique et ressort forcément de la nature des choses. Est-ce donc elle qui a, jusqu'ici, présidé à l'éducation et à l'instruction qu'on donne aux filles? Point du tout. A peine commence-t-elle à prévaloir et à se traduire dans les faits. On lui trouverait encore des contradicteurs nombreux, dont la plupart sont quelque peu gênés, j'imagine, devant ces paroles de Fénelon :

« Il est constant que la mauvaise éducation des femmes fait plus de mal que celle des hommes, puisque les désordres des hommes viennent souvent et de la mauvaise éducation qu'ils ont reçue de leurs mères, et des passions que d'autres femmes leur ont inspirées dans un âge plus avancé. »

Les uns regardent la femme comme une créature inférieure dont la fonction est d'avoir des enfants et de veiller au pot-au-feu ; les autres, comme un oiseau de luxe qui a droit à une cage d'autant plus dorée que son ramage

est plus harmonieux et son plumage plus écla-
tant. Les premiers citent volontiers Molière et
les Femmes savantes avec la boutade du bonhomme Chrysale; ils oublient naturellement
que ce même Molière, un des écrivains qui
ont le mieux compris et aimé la femme, a
écrit aussi ce vers :

Je consens que la femme ait des clartés de tout.

Les autres, qui sont les mondains et les
débauchés, ne se mettent guère en peine de
citations. Ils invoquent la coutume, le bon
ton, la galanterie, les plaisirs. Si la femme
était instruite, que deviendrait sa grâce, son
élégance, ce charme intraduisible, fait de légèreté, d'audace naïve et d'ignorance? « On
énumère tous les inconvénients de l'instruction, et l'on met en oubli tous les périls
mortels de l'ignorance. L'instruction est un
lien entre les époux, l'ignorance est une
barrière. L'instruction est une consolation,
l'ignorance est un supplice. L'ignorance amène
mille défauts, mille égarements pour l'épouse.
Pourquoi telle femme est-elle dévorée d'ennuis ?
Parce qu'elle ne sait rien. Pourquoi telle autre

est-elle coquette, capricieuse, vaine? Parce qu'elle ne sait rien. Pourquoi dépense-t-elle, afin d'acheter un bijou, le prix d'un mois de travail de son mari? pourquoi le ruine-t-elle par des dettes qu'elle lui cache? pourquoi le soir l'entraîne-t-elle, fatigué ou malade, dans des fêtes qui lui pèsent? Parce qu'elle ne sait rien, parce qu'on ne lui a donné aucune idée sérieuse qui pût la nourrir, parce que le monde de l'intelligence est fermé devant ses pas... A elle donc le monde de la vanité et du désordre! Tel mari qui se moque de la science eût été sauvé par elle du déshonneur (1). »

Les mères, élevées de cette façon, ne comprennent pas qu'elles puissent élever leurs filles autrement. —« Soyez belle, soyez polie, on vous regarde, » leur disent-elles. Ce qui veut dire : « Mettez partout l'apparence à la place de la réalité (2) » et ne vous souciez que de plaire dès le premier coup d'œil qu'on jette sur vous.

Une mère de cette école écrivait à une amie à propos de ses enfants :

(1) E. Legouvé.
(2) L. Aimé Martin.

« Quant à Caroline, mon aînée, je suis heureuse de le dire, tous les moments de sa journée sont pris par le maître de danse ou de chant. Elle commence à montrer beaucoup de goût pour la toilette, et elle sait déjà disposer sa belle chevelure à son plus grand avantage, presque sans le secours de postiches ou du coiffeur. Je me flatte qu'elle sera très belle femme. Je n'ai jamais vu un teint si beau, un si joli mélange de rose et de blanc! — Vous seriez enchantée de sa dextérité. Elle a inventé elle-même, ce que j'avais essayé en vain, une eau pour le cou, bien supérieure au lait de roses de Warren, et aussi une pâte pour les mains. Elle fait les plus jolies bourses que vous ayez jamais vues. — Quant aux deux plus jeunes, dont vous me demandez aussi des nouvelles, je ne les ai pas vues depuis longtemps; mais je les ai changées de pension, car cette sotte femme chez laquelle elles étaient, Mme Strictland, ne leur apprenait absolument qu'à lire l'anglais et à faire des travaux d'aiguille. C'est pourquoi j'ai retiré ces pauvres créatures d'une école si stupide, et je les envoie à la fameuse pension française de Mme de

Lamothe ; mon plus grand motif, c'est qu'il y a là le meilleur maître de danse d'Angleterre. Cependant je suis fâchée de vous dire que Charlotte est trapue et petite, et je crains beaucoup qu'elle ne soit définitivement une femme sans grâces. Quant à Louise, je suis désolée de le dire, ses traits ressemblent à ceux de son père ; sa peau est d'un teint déplorable, aussi brune que celle d'une créole. J'en suis malheureuse (1). »

C'est une Anglaise qui tient des discours ; mais cette manière de dire et de faire n'est assurément pas spéciale à son pays. Comment veut-on que de pauvres femmes, dont on n'a meublé la cervelle que de vulgarités ou de niaiseries, imaginent qu'elles feraient mieux de donner à leurs propres filles une éducation différente ? Et l'imagineraient-elles, sentiraient-elles le vide de leur tête à l'inapaisement de leur cœur, qu'elles ne pourraient pas agir autrement, parce qu'elles ne sauraient pas.

Que feront, dans de telles circonstances, les institutrices, les directrices de pension, sinon

____

(1) L. Ayma, *Les Devoirs des Mères.*

se conformer aux vues de la mère, et réaliser à sa place autant que possible, son déplorable idéal ?

« Quand on voit inscrit sur le seuil d'une porte : *Maison d'éducation*, disait l'abbé Balme-Frézol, cela indique qu'on y apprend à lire, à écrire, à calculer, etc, etc.; quand on dit d'une jeune fille qu'elle est *bien élevée*, cela signifie qu'elle a une belle écriture, qu'elle touche bien du piano, qu'elle danse merveilleusement, etc.... »

Quant au résultat, le voici :

« Une mère recommandait ainsi sa fille à une institutrice : Je vous confie ma fille pour trois ans, rendez-la moi *bien savante*. Son désir fut accompli... Mais quand elle fut de retour dans sa famille, chacun la trouva prétentieuse, très orgueilleuse, très peu aimable, et partant très mal élevée. »

Jusqu'à ces derniers temps, on pouvait dire avec E. Legouvé : « Presque jamais l'étude, pour les jeunes filles, n'a pour fin réelle de perfectionner leur âme ou de leur donner l'amour désintéressé de la science et de l'art ; tout y est disposé en vue de l'opinion des autres. Un maître d'histoire est un maître de bienséance comme un maître à danser; un maître de musique est un maître de vanité. Rien pour la pratique solitaire du travail, c'est-à-dire pour le cœur ou pour la pensée. »

D'Alembert le constatait déjà lorsqu'il écrivait : « Nous traitons la Nature en elles, comme nous la traitons dans nos jardins, nous cherchons à l'orner en l'étouffant. »

Il n'y a pas bien longtemps que M. Paul Janet croyait demander beaucoup pour la femme en demandant ce minimum d'éducation, que la femme apprît, « tout comme l'homme, à se gouverner elle-même, c'est-à-dire à faire usage de sa raison pour se conduire ».

Mais cet être essentiellement mobile, brillant et léger, qui est la femme, sera-t-il jamais capable de recevoir une éducation sérieuse et solide ? Il serait facile de répondre à cette question par de célèbres exemples, qu'on pourrait d'ailleurs récuser en faisant remarquer que ce sont des exceptions. Il est clair que toute femme n'a pas en elle l'étoffe d'une Christine de Pisan, d'une Dacier, d'une du Châtelet, d'une

Roland. Croit-on donc que tout garçon soit destiné à devenir un grand artiste, un grand littérateur, un grand savant, un grand politique ? Et si on ne le croit pas, à quoi bon consacrer tant de soins et de temps à l'éducation et à l'instruction des garçons ? La question, retournée ainsi, paraît absurde. Elle ne l'est pas moins quand il s'agit des filles, bien au contraire. « Plus la femme est une créature mobile, impressionnable, facile à tourner au bien et au mal avec les mêmes qualités, plus il lui faut pour contre-poids une éducation sérieuse et solide (1). »

On va plus loin, et l'on invoque les droits sacrés de la famille. Il paraît, à entendre de graves oracles, qu'en instruisant les femmes, on ne manquera pas de la renverser. Une femme qui saura l'enchaînement des faits historiques, ne voudra plus être mère. Une femme qui connaîtra les plantes, qui comprendra le mécanisme céleste et pourra nommer les étoiles, dédaignera d'allaiter son enfant. Une femme qui aura lu les grandes œuvres litté-

(1) E. Legouvé.

raires et qui parlera facilement dans deux ou trois langues, rougira de s'inquiéter du linge de la famille ou de surveiller son dîner. Elle aura des visées plus hautes ; en marchant les yeux levés vers son idéal, elle fera tout péricliter autour d'elle, et, immanquablement, finira elle-même par se laisser choir.

Tel n'est point l'avis de M. E. Legouvé, qui s'écrie : « Je vous le dis, c'est au nom de la famille, au nom du salut de la famille, au nom de la maternité, du mariage, du ménage, qu'il faut réclamer pour les filles une forte et sérieuse éducation ! »

« Les femmes portent l'avenir des sociétés dans leur sein, dit Emile de Girardin ; jamais il n'y aura de progrès rapides et réels que ceux qui leur seront dûs. »

Mais, sans nous élever à des considérations d'une portée si vaste et si générale, sans répéter ce que nous avons dit à propos du rôle de la femme vis-à-vis des enfants, ne peut-on pas ajouter qu'une éducation sérieuse, appuyée sur des connaissances solides, est seule capable de faire de la femme autre chose qu'une coquette et une évaporée ?

Ici je me hâte de faire une réserve qui, d'ailleurs, n'affaiblit en rien ce que je viens de dire. Je sais qu'il y a des femmes, en grand nombre, qui n'ont reçu dans leur jeunesse qu'une instruction extrêmement incomplète, dont les connaissances sont restées très superficielles et très bornées, et qui sont d'admirables épouses, de tendres et excellentes mères de famille. C'est que celles-là ont profité, non pas de leçons savantes, mais de l'éducation de l'exemple. Filles de bonnes mères, elles sont devenues bonnes mères à leur tour. Nées à une époque où la science était lettre close pour la grande majorité des femmes, vivant dans un milieu où les préoccupations intellectuelles existaient à peine, elles ont appris les vertus qu'elles voyaient pratiquer, et sont restées forcément ignorantes de ce qu'on ne leur enseignait pas.

Ce ne sont pas de telles femmes qui se montrent opposées au progrès de l'instruction. Elles ont vu les choses changer autour d'elles. Chaque jour elles ont davantage senti ce qui leur manque, et, au milieu du respect qu'elles méritent et que personne ne leur marchande, elles ont parfaitement conscience que la somme de connaissances qui suffisait à l'époque de leur jeunesse ne suffit plus aujourd'hui. Si elles ont une ambition, c'est que leurs filles, avec leurs qualités et leurs vertus, aient plus de lumières et ne soient pas, comme elles commencent à l'être elles-mêmes, dépassées et comme dépaysées dans une société où les notions générales de science et de littérature sont de plus en plus du domaine commun.

Beaucoup s'en tiendront à une sorte de compromis, de juste milieu que, pour ma part, je crois amplement suffisant dans la plupart des conditions sociales. Avec M. Janet, elles diront : « Je ne crois point qu'il soit nécessaire qu'une jeune fille apprenne beaucoup, l'important c'est de bien apprendre. » Et encore : « Voici les deux résultats que je voudrais obtenir dans une éducation : l'habitude de réfléchir et la faculté de sentir délicatement. » Elles se contenteront, non sans raison, de ce programme : « Préparer la jeune fille à une vie solide et active, sans amortir le feu de son imagination et sans comprimer sa vivacité et sa grâce ; cultiver son esprit et l'initier aux belles choses sans encourager un fastidieux

18.

pédantisme ou une fausse exaltation ; l'élever dans la famille et pour la famille, sans la rendre étrangère aux convenances et à l'élégance du monde, telles sont les difficiles conditions d'une sage et forte éducation de la femme (1). »

Ne croyez pas qu'elles soient incapables de les remplir. L'amour maternel ne recule pas devant les miracles à faire. Il les fait sans même le savoir. Elles ne referont peut-être pas leur instruction, et d'ignorantes ne se rendront pas savantes, quoique cela se voie. Mais elles puiseront dans leur cœur de mère la volonté, la force et l'intelligence de suivre les études de leurs filles, d'y aider, et de se les assimiler suffisamment pour guider et encourager les efforts de ces jeunes esprits. De sorte qu'on a pu dire avec vérité, sans tenir compte du degré d'instruction des parents, mais en tenant grand compte de leur affection : « C'est à la conversation de la famille, c'est à l'entretien du père et de la mère que la jeune fille devra la meilleure partie de son éducation (2). »

Cependant si, comme il arrive si souvent, et

(1) Paul Janet.
(2) Paul Janet.

comme, il y a lieu de l'espérer, il arrivera de moins en moins, le père et la mère ne peuvent, pour une raison ou pour une autre, se charger de l'instruction de la jeune fille, ou du moins la surveiller de près en même temps qu'ils forment son éducation, il faudra bien avoir recours à des mains étrangères, et se résigner à chercher une pension.

E. Legouvé, dans son *Histoire des femmes*, a tracé une sorte de plan de l'enseignement qui convient aux filles. Des notions élémentaires, mais bien nettes, des sciences exactes, surtout en ce qu'elles ont d'immédiatement applicable aux besoins de la vie, les sciences physiques et naturelles, celles-ci surtout, les langues vivantes — je ne parle pas de la langue maternelle qui doit être étudiée avant tout et jusqu'à la fin — la géographie, l'histoire, la littérature, tels sont les sujets sur lesquels doit porter cet enseignement. Legouvé insiste tout particulièrement sur les sciences naturelles; il pense que la femme pourrait rendre, en vertu de sa nature patiente, aimante, de nourrice et de garde-malade, les plus grands services dans la domestication des espèces animales que nous n'avons pas encore conquises. De même en médecine, car « si les filles du canton de Jersey eussent reçu quelques notions d'histoire naturelle, la vaccine eût peut-être été découverte deux cents ans plus tôt. » A propos de l'histoire et de la littérature, il dit, avec un grand sens : « Enseignez sans crainte l'histoire et les lettres à la jeune fille comme au jeune homme ; elle n'y apprendra pas la même chose : ce qui, chez l'un, se convertira en raison et en force, nourrira, chez l'autre, le sentiment et la finesse ; et ainsi, la diversité de leur nature se développera par l'identité même de leurs objets d'études. Entendons-nous cependant. Je dis identité dans les objets d'études, mais non dans le mode d'enseignement. En apprenant aux femmes les mêmes choses qu'aux hommes, il ne faut pas les leur apprendre de la même façon. Il faut les élever aussi bien que nous, mais autrement. »

Il s'explique en proscrivant de ces études l'aridité d'un côté, et de l'autre les détails sur les guerres, la politique, les traités, etc., et en demandant qu'on s'étende sur les mœurs, les coutumes, la vie morale et intime. Excellents conseils,

que toute personne chargée de l'enseignement
pes jeunes filles ne devrait jamais perdre de vue.

On ne peut attendre de tous les parents
qu'ils entreprennent une éducation ainsi conçue. Hier encore, ils devaient, pour arriver au
but, choisir, souvent au hasard, sans autre guide
que les on-dit, les conseils du voisin et la réputation, une pension ou un cours. La plupart
des familles de la province n'avaient même pas
à choisir entre la pension et le cours; la pension s'imposait. Aujourd'hui l'État a institué
des lycées de filles où l'instruction donnée est
solide; et, si elle pèche, ne pèche que par l'excès.

Ce que j'ai dit de l'internat pour les garçons
est à plus forte raison vrai pour les filles, avec,
pour celles-ci, d'autres désavantages et dangers
que tout le monde comprendra. Je ne l'admets
donc que lorsqu'il y a impossibilité de faire autrement. Ce cas est bien plus rare pour les
filles que pour les garçons, car, à moins que
la fille ne doive avoir besoin plus tard de son
instruction pour vivre, encore vaut-il mieux
être moins instruite et ne pas quitter le foyer.

Mais, chaque fois qu'il sera possible de faire profiter une jeune fille du bénéfice de l'enseignement des lycées sans lui enlever les bienfaits de la vie de famille, c'est-à-dire, chaque fois que les parents pourront l'y envoyer comme externe, ou même — terme moyen qui ne me plaît que médiocrement, — comme demi-pensionnaire, il n'y a pas à hésiter; c'est là que son intelligence recevra la culture la plus propre à faire d'elle une femme digne d'être épouse et mère dans notre société contemporaine.

A propos d'un ouvrage de M. Rousselot où cette institution des lycées de filles est fort vantée, je note cette critique dans une importante revue (1). « Un système d'éducation n'est pas un manteau de guérite qui se jette indifféremment sur les premières épaules venues. Il faut que le vêtement soit ajusté à la taille et dessine les contours de celle qui doit le porter, sans gêner ses allures, qu'il soit coupé exprès pour elle et sur mesure, de main d'ouvrier; faute de quoi, le résultat arrive à l'opposé du but pour-

(1) *Le Livre*; 10 juillet 1883.

suivi. En ce sens rien ne vaut la vie de famille.»

C'est ce que j'ai dit, sauf l'absolu de la forme; sauf aussi une possibilité de malentendu sur le sens du mot éducation. L'éducation est, en effet, chose essentiellement personnelle, devant varier avec les âges, les sexes, les conditions, les tempéraments, en un mot les individus. Mais un système uniforme d'instruction est parfaitement applicable aux individus les plus différents de caractère, pourvu que leurs facultés de comprendre soient à peu près au même niveau. Or c'est l'instruction que j'envoie les jeunes filles chercher au lycée. Malheur aux enfants qui ne trouvent pas, entre leur père et leur mère, l'éducation qui leur convient !

Bien entendu, cette instruction solide, presque virile, dont les filles ont besoin de nos jours, n'exclut pas l'étude des arts ni les occupations plus exclusivement féminines. « Un vrai sentiment des arts anime l'existence de la jeune fille et l'empêche de rechercher des distractions moins salutaires,» dit fort bien Paul Janet. Le dessin, la peinture, la musique, la danse même, pourvu qu'on ne la pratique dans les bals que quand on n'est ni trop jeune ni trop vieille, voilà des arts d'agrément, comme on les appelle avec raison, qui seront pour les jeunes filles une source de plaisirs purs, et parfois de consolations. Il en est de même de la lecture. Je citerai à ce sujet un passage de La Fontaine, qui cache bien du bon sens sous son air de bonhomie indulgente et de relâchement moral. Je laisse aux parents le soin, dans cette question délicate de tirer la ligne entre l'usage et l'excès.

« Nos mères de maintenant, dit le fabuliste, défendent à leurs filles la lecture des romans pour les empêcher de savoir ce que c'est qu'Amour : en quoi je tiens qu'elles ont tort, et cela est même inutile, la Nature servant d'Astrée. Ce qu'elles gagnent par là n'est qu'un peu de tems : encore n'en gagnent-elles point : une fille qui n'a rien lû, croit qu'on n'a garde de la tromper, et est plûtôt prise. Il est de l'Amour comme du jeu ; c'est prudemment fait que d'en apprendre toutes les ruses, non pas pour les pratiquer, mais afin de s'en guarentir. Si jamais vous avez des filles laissez les lire. »

C'est, du reste, une vérité reconnue qu'une « liberté discrète et éclairée est le plus solide principe de l'éducation des filles. Il faut beaucoup se confier à la candeur naturelle, veiller, mais non comprimer, écarter, mais non contraindre (1). »

Nous ne sommes point des rigoristes, et nous aimons à proclamer qu'une des grandes fonctions de la femme, c'est d'être belle. Pour être éphémère, la beauté est un des plus précieux dons de la nature. Il serait long de dire pourquoi. Ce serait tout un traité d'esthétique à faire. Je me contente de poser la proposition, et ne crois pas qu'elle soit niée par beaucoup.

Le philosophe que je citais tout à l'heure a dit spirituellement : « S'il faut mépriser la beauté parce qu'elle passe, il faut mépriser toutes choses; car tout passe. »

Nous, qui ne la méprisons pas, nous comprenons que la toilette soit, chez la femme, une préoccupation de premier ordre, car elle a besoin d'un cadre à sa beauté. Mais « il faut bien distinguer dans l'art de la toilette le luxe et le goût. Le luxe est le superflu; le goût est presque le nécessaire. »

(1) Paul Janet.

— Ce *presque*, introduit là par M. Paul Janet, me semble, à moi, du superflu.

Je ne laisserai pas ce sujet sans livrer aux réflexions de la jeune fille cette maxime d'un moraliste anglais : « La plus belle parure d'une jeune fille est la bonne humeur... Un bon naturel est à la beauté ce que le parfum est à la rose. »

Quant aux travaux féminins proprement dits, Jean-Paul Richter prétendait que l'aiguille perd plus de femmes que les romans. Je ne sais combien de femmes les romans perdent ; mais, les données statistiques me manquant pour établir la comparaison, je suis de l'avis de Mme Necker de Saussure, qui dit : « Évitez ces longs ouvrages de femme que l'on avance sans y songer, dans lesquels la rapidité des pensées augmente l'agilité des doigts et en est augmentée à son tour. »

Ce qu'il faut que la femme fuie à tout prix c'est l'ennui, le vagabondage de l'imagination qui, désintéressée du réel, se laisse prendre à des chimères dont il n'est guère de Bellérophons pour la délivrer. « L'ignorance d'une fille est cause qu'elle s'ennuie, dit Fénelon, et

qu'elle ne sait à quoi s'occuper innocemment. »
Qu'il y a de choses dans ces quelques mots,
jetés comme en passant !

Aussi Mme Necker a-t-elle soin de signaler
le danger en indiquant le remède. « Ce devrait
être une affaire d'éducation, que d'accoutumer
une jeune fille à se suffire à elle-même pendant quelques heures. »

Le remède, c'est, en effet, l'éducation qui le
fournit, et non pas les plaisirs et la dissipation
du monde, qui ne font que rendre plus lourdes
et vides les heures où l'on en est sevré.

Mais, objecte encore un contradicteur, toute
science n'est-elle pas funeste à l'innocence ?
Rappelez-vous l'arbre symbolique de la science
du bien et du mal.

Ignorer le mal n'est pas de l'ignorance. C'est
la science suprême, puisque le mal n'est qu'une
négation. Que la jeune fille sache seulement
ce qui est bien ; elle saura par cela même, en
toute occasion, sans l'avoir jamais appris et
sans en avoir conscience, ce qui est mal. Laissons encore ici parler Paul Janet :

« L'innocence commence avec l'ignorance
mais elle n'en est pas inséparable. L'innocence,

est une vertu, l'ignorance n'en est pas une, et
même l'innocence ne devient vraiment une
vertu qu'à mesure que décroît l'ignorance.....
« Ce que j'aime encore moins, c'est cette affectation d'ignorance roide, guindée, les yeux
baissés, qui voit du mal partout et donne à
penser que le dedans est moins bien composé
que le dehors. »

Une considération que je n'ai pas fait valoir
jusqu'ici, mais qui est de la plus grande importance, puisqu'elle intéresse immédiatement
l'harmonie de la vie conjugale et, par suite, la
dignité et le bonheur de la famille tout entière
c'est que l'éducation et l'instruction données
aux filles les mettront au niveau de leurs maris,
et réformeront ces intérieurs où le mari et la
femme bâillent ensemble au coin du feu, l'un
mâchant un cure-dents, l'autre raccommodant
des chaussettes.

« Rien de plus pénible, et de plus pernicieux
à la fois, dit Charles Robin, que de trouver
dans presque toute réunion, que les femmes
ont été élevées dans un ordre d'idées qui dif-
fère absolument de celles que l'instruction
publique et privée donne aux hommes. »

Une Italienne que j'ai déjà citée, Mme Riola Mancini, avait bien compris cette vérité. Elle savait que le désir le plus ardent du mari, quelque secret qu'il le garde, c'est de trouver dans sa femme la compagne de son esprit comme de son cœur.

« Lorsqu'à toutes les qualités du cœur viennent s'ajouter celles de l'esprit (ce qui est bien rare), ô le choix fortuné! s'écrie-t-elle. O la femme incomparable! Elle accomplira mieux ses devoirs, parce qu'elle les connaîtra mieux; elle conseillera avec modestie, et sagement elle élèvera ses fils.

» Entre les études les plus avantageuses aux femmes, il faut compter les langues pour l'aisance qu'elles donnent à converser, au besoin, avec les étrangers; l'histoire, pour instruire leur propre vie et celle de leurs fils; la morale, pour élever le cœur; la poésie, pour exciter, développer, diriger, orner et perfectionner les bons sentiments de l'âme; et les autres arts, comme la musique, la peinture, les travaux d'aiguille et de broderie, aides nécessaires à cette laborieuse vie humaine. »

Je n'envisagerai point l'instruction comme instrument de travail, comme gagne-pain dans la vie de la femme. Il suffit d'indiquer ce douloureux sujet. Tout le monde sait combien peu de carrières sont ouvertes à la femme, combien les travaux manuels sont insuffisants à lui assurer le nécessaire, combien, dans ce *struggle for life* implacable et incessant, la pauvre créature est facilement brisée, souillée, perdue. Le mariage, son salut, est de plus en plus difficile pour celle qui n'a pas de dot. L'instruction lui ouvre, ou lui donne des chances de pouvoir ouvrir deux ou trois portes sur un avenir honorable et tranquille. Quel est donc le barbare qui voudrait les lui fermer?

Quelques lignes d'Émile de Girardin résumeront ce que j'ai essayé de mettre en lumière dans ce chapitre.

« Former des mères dignes de ce nom, capables d'exercer avec discernement cette première des fonctions sociales, tel doit être le but de l'instruction des filles ; former des époux qui aient des compagnes douces, agréables et fidèles, sera tout naturellement le résultat de la bonne éducation puisée au sein de la famille ; cette éducation sera d'autant meilleure qu'elle sera plus commune, qu'elle aura pour rudiment des exemples plus souvent que des préceptes ; sans y avoir été systématiquement préparée, soyez assurée que la fille sera toujours bonne épouse si l'éducation d'une bonne mère l'a faite à son image. »

Et plus loin, complétant sa pensée :

« Il faut apprendre aux femmes ce qu'elles doivent plus tard enseigner aux enfants qui naîtront d'elles. »

CHAPITRE XXVI

L'ENFANT DANS LA FAMILLE

Ce qui a été dit jusqu'ici nous mène à une conclusion nécessaire : c'est que la place de l'enfant est dans la famille, au moins jusqu'à douze ou quatorze ans, et, passé cet âge, le plus longtemps possible. Cette conclusion ne perd pas à être soutenue de considérations nouvelles ou de témoignages non encore entendus. Il est, d'ailleurs, intéressant de voir comment l'enfant se comporte dans le milieu familial, non pas seulement vis-à-vis de son père et de sa mère, — le sujet a été traité, — mais avec ses frères et sœurs.

« Il est dans la famille, dit E. Legouvé, telle que les cœurs épris de l'idéal peuvent la rêver, il est un être qui joue un rôle tout à fait

19.

à part, et dont l'influence morale sur le jeune homme a quelque chose de charmant, c'est la sœur. Est-elle plus jeune que son frère, c'est presque une fille pour lui. Est-elle plus âgée, c'est presque une mère. Dans l'un et l'autre cas c'est une sauvegarde. »

A condition, bien entendu, que le garçon ait grandi dans le sentiment des égards qu'il doit avoir pour elle. Il faut que « chaque mère apprenne à chaque enfant la courtoisie envers sa mère et ses sœurs », car, comme le dit fort bien Silvio Pellico, « ceux qui contractent à l'égard de leurs frères et de leurs sœurs des habitudes de malveillance et d'impolitesse restent malveillants et impolis envers tout le monde ».

Paul Janet a des réflexions sur ce sujet qui valent la peine d'être citées.

« L'amour du frère et de la sœur, dit-il, met en commun ce qu'il y a de plus charmant, de plus délicat dans le rapport des deux sexes, sans aucun mélange de ce qui est moins pur et moins innocent......

» Plus la différence des âges est grande, plus l'amour fraternel s'éloigne de l'amitié proprement dite pour se rapprocher d'une part de l'amour paternel et de l'autre de l'amour filial..... »

E. Legouvé raconte, dans ses *Souvenirs*, une histoire touchante, exemple historique et contemporain de ce que sait faire l'amour d'une sœur. La fille aînée de Villemain, à peine âgée de dix-huit ans, resta, sa mère étant devenue folle, avec un père incapable des soins de l'intérieur et des sœurs encore enfants. Elle s'éleva sans effort jusqu'à ce type charmant, plus fréquent qu'on ne le croit dans les familles nombreuses, de sœur-mère, *sister mother*, comme aurait dit Dickens. Plusieurs propositions de mariage lui ayant été faites, elle les refusa toutes : « Ma vie n'est pas là, répondit-elle ; j'ai, moi, trois devoirs à remplir : marier mes sœurs, rester avec mon père, et, si j'avais le malheur de le perdre, aller m'enfermer avec ma mère pour la soigner. » Elle réalisa à la lettre cet admirable programme.

A un point de vue général, Paul Janet définit l'amour fraternel une « amitié naturelle ». Il montre combien est commune et facile la confiance entre frères, et il ajoute cette remarque, qui a sa grande valeur en pédagogie, surtout quand les pédagogues sont les parents :

« De cette facilité de confiance qui existe entre frères, les parents peuvent tirer un excellent parti pour l'éducation.... Beaucoup de choses qui, dites par le père ou par le maître, seraient difficilement acceptées de l'enfant ou du jeune homme, seront reçues, écoutées et peut-être pratiquées, si elles viennent du frère ou de l'ami. »

Mais comment des jeunes gens, entraînés eux-mêmes à toutes les folies, seraient-ils des guides et des conseillers pour les autres? — Ah! répond avec une grande finesse M. P. Janet, « ceux-là qui ne sont pas raisonnables pour eux-mêmes le sont souvent pour autrui ».

Egger a observé que, les conditions étant d'ailleurs égales, « le dernier venu, dans une famille de plusieurs enfants, se montre plus précoce que les autres : d'abord le voisinage de ses aînés, est une excitation journalière pour son intelligence; ensuite, ce voisinage crée entre lui et les grandes personnes des intermédiaires qui facilitent pour lui certains progrès ».

A défaut de frères et de sœurs, les cousins

peuvent jouer le même rôle, et en même temps qu'ils feront acte de bons camarades et de bons parents, ils aideront à rattacher les liens de famille qui s'étaient peut-être ou dénoués ou brisés.

« Pour resserrer les liens de famille, il faut se voir, avoir des plaisirs communs, des fêtes traditionnelles; il faut habituer les enfants à se connaître, à jouer, à courir ensemble, à suivre les mêmes études si les conditions sont égales. Ce sont là des souvenirs précieux pour la vie. Les fêtes de famille laissent à l'enfant de profondes et salutaires impressions. »

On a tant écrit sur la famille, ce sujet a occupé les pensées de tant d'auteurs distingués par le cœur et par le talent, que je n'ai qu'à me tourner à droite ou à gauche pour trouver mes propres sentiments exprimés en termes exquis; mes lecteurs me sauront gré, dans ces circonstances, de choisir, pour interprètes de ma pensée, des maîtres qui ont déjà si bien dit ce que j'ai à dire maintenant.

Nous nous sommes arrêtés longtemps sur les questions d'enseignement proprement dit. Non pas que nous les ayons épuisées; il y faudrait des volumes; mais, du moins, nous avons tenté de dire ou de suggérer l'essentiel. Ici, je voudrais marquer plus fortement le rôle spécial de la famille dans l'éducation morale. Charles Robin divise l'éducation privée ou familiale par moitié en deux époques, « l'une qui se termine vers sept ans, et l'autre vers quatorze ans, sans que jamais l'enfant soit cloîtré durant ce temps-là ». C'est cette vie de famille, dit-il, « sa stabilité et sa sécurité qui tendent le plus à développer le progrès moral. Et, sans ce progrès-là, les progrès matériels et intellectuels peuvent être plus nuisibles qu'utiles au bonheur, soit personnel, soit public ».

De la première période, il a été traité assez longuement dans les premiers chapitres de ce petit livre. C'est surtout sur la seconde que je désire insister.

Aujourd'hui, ce qui domine dans la famille, c'est le principe de l'affection. Jadis c'était l'autorité, le respect, la crainte du père. M. Vessiot, dans son livre *L'Éducation à l'École*, a tracé un tableau vif et spirituel de cet état de choses, dont les excès et, par suite, les dangers le frappent plus que les avantages. « Dans la famille des

siècles passés, dit-il, les enfants n'étaient rien
ou pas grand'chose; dans la famille moderne
ils sont tout ou peu s'en faut. Autrefois les enfants étaient traités avec sévérité, pour ne pas
dire avec rigueur; on les tenait à l'écart, on les
élevait dans la crainte, et la crainte est gardienne du respect. A table l'enfant ne parlait
pas; aujourd'hui non seulement on le laisse
parler, mais on l'y invite, on l'écoute et volontiers on l'admire. Il a, comme on dit, voix au
chapitre, et souvent c'est son avis qui prévaut
ou au moins sa volonté et parfois son caprice.
Autrefois ce qu'il y avait de plus mauvais était
bon pour lui, en fait d'aliments comme de
vêtements; aujourd'hui, entre lui et ses parents,
pas de différence pour la nourriture ou, s'il y
en a une, elle est en sa faveur, et, pour l'habil-
lement, elles ne sont pas rares les familles où
l'enfant est mieux vêtu que les parents; ceux-
ci y mettent presque de l'orgueil; la mère porte
bonnet, la fille chapeau, et la famille voit dans
cette différence la marque de son ascension
dans l'échelle sociale. S'il y a encore dans le
peuple des parents qui rudoient leurs enfants,
c'est l'effet d'une brutalité naturelle ou des co-

lères alcooliques, mais en général les enfants sont traités avec une douceur et avec des égards que leurs aînés n'ont pas connus. »

Qu'on l'approuve ou non, « une affection protectrice, voilà le vrai principe de l'autorité familiale (1) » dans la société moderne.

La conséquence naturelle de ce fait, c'est que les parents doivent plus que jamais se rendre dignes du respect et de la confiance de leurs enfants. La verge de l'autorité est brisée ; le père de famille ne règne plus par l'effroi. Il doit régner par la raison et la justice.

« L'éducation par l'exemple, dit Paul Janet, est la plus efficace, parce qu'elle est dissimulée. L'enfant se défie naturellement de l'autorité ; un secret instinct d'indépendance le pousse à résister à un ordre, et son orgueil ne plie pas toujours devant la tendresse. Mais l'exemple est une force dont l'enfant ne peut se défendre : il la subit sans le vouloir, sans le savoir. »

Non seulement elle est la plus efficace, mais elle est dorénavant la seule efficace. L'en-

(1) E. Legouvé.

fant ne comprendra jamais le fameux conseil : « Fais ce que je dis, mais non ce que je fais. » Fléchier le déclare en termes éloquents :

« On aime assez à donner à des enfants des leçons de vertu et de probité ; on se fait honneur même de leur débiter les maximes les plus sévères et les plus héroïques de la sagesse ; mais la conduite domestique soutient mal le faste et la vanité de ces instructions... Aussi, loin de leur inspirer des sentiments de vertu par ces impressions contredites par nos exemples, nous les accoutumons à penser de bonne heure que la vertu n'est qu'un nom, que les maximes qu'on nous en débite ne sont qu'un langage et une façon de parler qui a passé des pères aux enfants, mais que l'usage a toujours contredit. »

A ce tableau, qui n'a pas cessé d'être vrai, nous pouvons ajouter quelques traits, qu'un contemporain déjà cité, M. Vessiot, nous fournira :

« Les parents ne se gênent guère en présence de leurs enfants, ils abordent souvent devant eux des sujets délicats et scabreux, ils les habituent aux jugements sommaires sur les personnes et sur les choses, ils ne se méfient pas assez de leur pénétration naturelle et de leur penchant si fort à l'imitation, leurs réticences maladroites ou leurs regards d'intelligence ne font qu'aiguillonner la curiosité ardente et active du jeune âge; enfin, une association trop intime et trop précoce de l'enfance à la vie des grandes personnes les rend témoins de scènes qui en sont pas toujours exemplaires. Concluons donc que, si le respect filial a diminué, la faute en est surtout à l'imprévoyance et à l'imprudence des parents eux-mêmes. Comme toujours, un changement excellent en principe, mais poussé trop loin dans la pratique, a produit des conséquences fâcheuses. »

Aussi n'y a-t-il rien de trop dans cette assertion souvent répétée que, si le père fait l'éducation de l'enfant, l'enfant fait aussi l'éducation du père.

« On *jouera de bonheur*, dit Vinet, si, passant une seule journée dans une maison où il y a des enfants, on n'y voit pas plusieurs des règles capitales d'une bonne éducation violées par ignorance, par erreur ou par légèreté...

Rien n'est moins connu que l'art d'élever les enfants... Rien ne se fait plus au hasard, et il ne se commet, dans aucune des sphères de notre activité, de plus nombreuses et plus énormes bévues. »

Ailleurs, il insiste encore, et dit :

« Il n'est pas rare de voir des hommes et des femmes de tête et d'esprit devenir complètement absurdes dès qu'il s'agit de la pratique de l'éducation. »

Dans les classes ouvrières, on ne saurait s'en étonner. Des parents qui n'ont pas reçu d'éducation sont peu propres à en donner à leurs enfants. Ce n'est pas qu'ils n'en aient l'ambition, et qu'ils ne fassent effort pour y réussir. Mais on ne doit guère s'attendre à ce qu'ils emploient les meilleurs moyens. Telle cette femme du peuple, dont parle Mme Guizot : elle souffletait sa fille ; on lui demanda ce qu'avait fait enfant. « — Rien, dit-elle ; mais ne faut-il pas leur donner une éducation ? »

« Quelle sorte de culture morale, dit, de son côté, Herbert Spencer, est-il possible d'attendre d'une mère qui, comme nous l'avons vu une fois, secoue brutalement son nourrisson parce qu'il ne veut pas téter? Jusqu'à quel point le sens du juste sera-t-il communiqué par un père qui, entendant son fils crier parce qu'il s'est pris le doigt entre les battants d'une fenêtre, commence par le frapper pour sa maladresse, au lieu de le délivrer? »

Le même philosophe s'élève contre l'incompétence et l'indifférence d'un trop grand nombre de parents. « Des mères, à qui l'on n'a guère enseigné autre chose que les langues vivantes, la musique et les arts d'agrément, assistées de nourrices et de bonnes pleines de préjugés démodés, sont regardées comme capables de régler la nourriture, le vêtement, les exercices des enfants. Cependant les pères lisent des livres et des revues, ne manquent pas un comice agricole, font des expériences, soulèvent des discussions, le tout dans le but de découvrir la meilleure méthode d'engraisser leurs cochons pour les faire primer. »

Mais enfin tous les parents ne sont pas faits sur ce modèle. On peut même dire que ceux-là sont de plus en plus l'exception. L'enfant est certainement, aujourd'hui plus

que jamais, la grande et constante préoccupation. Les parents sentent la gravité de leur
tâche et s'efforcent de la remplir, sans reculer
devant le sacrifice de leurs plaisirs et le changement de leurs habitudes, lorsqu'il le faut,
Le grand danger serait souvent, non pas le
mauvais exemple et les propos imprudents,
mais une affection trop molle, une tendresse
trop faible, qu'à une époque où le laisser-aller
dans la famille était bien moins répandu
qu'aujourd'hui, Fléchier déjà caractérisait en
ces termes : « Vous abandonnez vos enfants à
leurs humeurs et à leurs caprices, une fausse
tendresse vous empêche de les corriger et de
discerner même leurs défauts ; vous porterez la
peine de cette cruelle indulgence. L'innocence de l'âge passera, et leurs passions, que
vous avez négligées, venant à croître, ils les
tourneront peut-être contre vous ; vous n'osiez
troubler leur repos, ils troubleront peut-être
le vôtre ; ils seront votre supplice, au lieu
qu'ils devraient être votre consolation ; et vous
serez contraints de les souffrir tels pour
votre malheur, parce que vous les aurez rendus
tels par votre lâcheté. »

Mme Necker de Saussure est pressante et offre aux mères des réflexions bien propres à leur faire comprendre ici la grandeur de leurs devoirs. « Si vous lui faites l'effet d'un autre enfant, si vous partagez ses passions, ses vacillations continuelles, si vous lui rendez tous ses mouvemens en les augmentant, soit par la contrariété, soit par un excès de complaisance, il pourra se servir de vous comme d'un jouet, mais non être heureux en votre présence; il pleurera, se mutinera, et bientôt le souvenir d'un temps de désordre et d'humeur se liera avec votre idée. Vous n'avez pas été le soutien de votre enfant, vous ne l'avez pas préservé de cette fluctuation perpétuelle de la volonté, maladie des êtres faibles et livrés à une imagination vive ; vous n'avez assuré, ni sa paix, ni sa sagesse, ni son bonheur, pourquoi vous croirait-il sa mère ? »

Lord Kairns rapporte quelque part une histoire qui prouve combien les enfants deviennent facilement des tyrans, lorsqu'on est trop faible ou qu'on se trompe sur le choix des mobiles qu'il faut employer pour les faire agir.

« Je connois, dit-il, un mari et une femme

qui ont rarement employé, pour diriger leurs enfants, d'autres moyens que des prières et des promesses. Comme le père jouait un jour aux échecs avec l'un de ses amis, un des enfans, petit garçon d'environ quatre ans, prit un pion sur l'échiquier, et l'emporta pour s'en amuser. — « Henry, dit le père, rends-nous ce « pion, je te donnerai une pomme. » — Henry le rendit, eut bientôt mangé la pomme, et vint prendre un autre pion ; on fut obligé de suspendre la partie, jusqu'à ce que l'enfant, ayant faim, s'en allât souper. »

Dans cette question délicate de l'éducation, on ne peut guère formuler brièvement des règles absolues. A part quelques principes dictés par l'amour d'un côté et par l'honneur de l'autre, les moyens d'éducation varient avec la nature de l'enfant qu'on élève.

« Comme toutes les plantes ne demandent pas la même culture, ainsi, parmi les enfans, ce qui serait utile à l'éducation de l'un, devient dangereux et funeste à celle de l'autre. Souvent dans le sein de la même famille, se trouvent des génies bien différents ; un esprit craintif et timide qu'il faut rassurer et enhardir ; un esprit bouillant et impétueux, qu'il faut réprimer; un esprit lent et tardif qu'il faut attendre ; un esprit heureux, vif et plein de feu qu'il faut prévenir et devancer; un esprit sombre, dissimulé qu'il faut accoutumer à la confiance ; un esprit trop ouvert, trop facile qu'il faut rendre plus circonspect ; un esprit bas et rampant qu'il faut élever, agrandir ; un esprit fier et hautain qu'il faut dompter et assujettir ; un esprit dur, insensible qu'il faut amollir, attendrir ; un esprit jaloux qu'il faut calmer et ménager ; un esprit doux qu'il faut conduire par l'amour, par les bienfaits ; un esprit rebelle, indocile qu'il faut retenir par la crainte, captiver par la terreur : que sais-je ? tous ont un assemblage de défauts qui leur sont propres, de bonnes qualités qui leur sont personnelles. »

Coleridge a chanté les vertus de l'Amour, de l'Espérance et de la Patience dans l'éducation. Je me risque à traduire quelques-uns de ses vers, sachant bien que je n'en pourrai conserver la grâce pénétrante : « Si tu veux avoir une prise solide sur l'enfance indocile et t'ensoleiller à la lumière de jeunes visages heureux, Amour, Espérance et Patience, voilà quels doivent être tes charmes. Avant tout laisse-les faire l'éducation de ton propre cœur. Car, comme le vieil Atlas sur son large cou pose le globe étoilé des cieux et le soutient, de même ils supportent ici-bas le petit monde de l'éducation à eux trois : Patience, Amour et Espérance. Si l'Espérance gît abattue, l'Amour aussi va s'affaisser et mourir... Si, par hasard, survient une journée trop pénible où, épuisés à la fin, l'Amour et l'Espérance faiblissent ensemble sous le fardeau, alors, avec le sourire et la force d'une statue, se dresse leur sœur silencieuse, la Patience, qui, jamais rebutée, les soutient et les remplace toutes deux. »

Tels sont les trois grands maîtres. Que les parents suivent leurs leçons, et ils ne s'égareront pas.

Voici toutefois quelques préceptes qui sont d'une application quotidienne, du moins les deux premiers, et qu'il est bon d'avoir toujours présents à l'esprit :

« Gardez-vous d'exciter dans l'enfant des dé-

20

sirs que vous ne voulez ni ne pouvez satisfaire. Par là vous risqueriez de lui ôter toute confiance, de le porter à désobéir, avec un esprit de résistance (1). »

« C'est le devoir des parents de faire en sorte que leurs enfants éprouvent habituellement les véritables conséquences de leur conduite — les réactions naturelles : il ne faut ni les écarter, ni les intensifier, ni les remplacer par des conséquences artificielles (2) .»

Il est prudent de laisser aux enfants une liberté raisonnable. Ceux « qu'on garde à vue jusqu'à ce qu'ils soient devenus des jeunes gens, ne manquent jamais de faire une folie le premier jour qu'ils sortent seuls (3) ».

« On est ordinairement le maître de donner à ses enfants ses connaissances, dit Montesquieu ; on l'est encore plus de leur donner ses passions. » Quel motif pour n'en avoir que de nobles et pour purifier sa vie !

Le vieux Charron a dit une parole digne du titre de son livre quand il a affirmé que « ne

(1) Th. Fritz.
(2) Herbert Spencer.
(3) E. Legouvé.

vient point tant de mal au public de l'ingratitude des enfans envers leurs parens, comme de la nonchalance des parens en l'instruction des enfants ».

Un des effets les plus ordinaires et les plus certains de l'éducation dans la famille, c'est le développement, chez l'enfant, de la politesse, de la courtoisie, et des bonnes manières.

« L'enfant bien élevé, comme le dit Stahl, ne doit être ni un muet ni un tapageur; il doit partout se montrer simple et naturel et ne gêner les gens ni par un aplomb qui ne convient pas à son âge, ni par un silence et une froideur qui ne sauraient être dans son caractère. »

La tâche de rendre l'enfant tel que le veut Stahl doit être prise de bonne heure. Il faut, dès les premiers temps, se défier du persiflage, qui a l'effet d'un vent aigre sur les fleurs, et fait se refermer et se concentrer sur elle-même la fleur humaine.

« Écouter avec patience les enfans, démêler le sens qui se cache souvent sous leurs expressions bizarres, saisir leur originalité, sympathiser avec leur imagination, et s'il se peut en avoir nous-mêmes, sans trop sacrifier la dignité et la raison, tels sont les moyens de les rendre aimables (1). »

« La politesse a toujours été un des plus beaux caractères de l'éducation française. C'est peut-être son trait le plus distinctif. Le mot *éducation* a même dans notre langue ce sens spécial, et, chez nous, l'on n'est pas bien élevé, si l'on ne possède le *savoir-vivre* : autre mot essentiellement français. En effet, parmi nous, manquer de politesse, c'est ne savoir pas vivre (2). »

On se lamente beaucoup sur la disparition graduelle de l'antique politesse française, et il faut bien reconnaître que ce n'est pas sans raison. Les mœurs démocratiques, l'envahissement des manières anglaises et américaines, le besoin toujours croissant d'aller droit au but, de ne perdre aucune minute en préliminaires de pure forme, ont enlevé aux rapports des Français entre eux et avec les étrangers beaucoup de leur ancienne grâce. « Pour faire

(1) Mme Necker de Saussure.
(2) Dupanloup.

un homme parfaitement poli, dit E. Legouvé,
il faudrait deux choses, les principes d'aujourd'hui et les manières d'autrefois. » Je ne
sais trop, et l'aimable écrivain m'en fait douter
davantage quand il prend soin de noter les
changements qui surviennent dans les manières et le bon ton. Après avoir montré
mademoiselle Contat, la célèbre actrice, re-
tournant de ses belles mains, sans fourchette
et sans cuillère, la salade que les convives,
enthousiasmés, mangeaient avec les mêmes
outils, il continue :

J'entends encore le vieux marquis de
Vérac, un modèle accompli du vrai gentilhomme, nous dire avec un accent de persiflage : « Ah çà ! vous êtes donc bien sales,
aujourd'hui, que vous n'osez pas prendre et
manger une côtelette avec vos doigts ? »

Que dirait le marquis, maintenant qu'on
pèle une pêche avec fourchette et couteau, et
qu'on coupe, sans l'écorcer, une orange en
quatre, pour ne pas y porter la main ?

Quoi qu'il en soit de cette politesse extérieure, qui rentre dans le domaine de la mode,
ce qui ne change pas, c'est le fonds même de

la civilité, telle que la définissait l'abbé Fleury :

« La civilité consiste plus à nous abstenir de ce qui peut incommoder les autres, à être doux, modestes et patients, qu'à parler beaucoup et se donner beaucoup de mouvement. Un petit mot obligeant bien placé fait plus d'effet que tous ces grands compliments dont les gens de province nous accablent; ceux qui honorent ou caressent également tout le monde n'obligent personne et n'ont plus de quoi marquer leur véritable amitié. »

Certes, pour arriver à un tel résultat, pour que l'enfant, devenu homme, comprenne et pratique la civilité — entre autres qualités et vertus, — comme l'entend Fléchier. « ce n'est pas assez que la mère jette les semences de l'éducation et de l'instruction d'un enfant, que le père les fasse germer et fructifier; il faut encore que le jeune homme cultive sans cesse luy-mesme cette plante; il faut qu'il se dise ce que Solon disait de luy-mesme :

« J'avance vers la mort en ne cessant d'apprendre (1). »

(1) COURTIN. *L'Art de bien employer le Temps.*

Mais le jeune homme bien élevé n'y manquera pas. Ce sera chez lui un besoin. L'impulsion une fois donnée, à moins d'une perversité naturelle fort rare ou de circonstances malheureuses, il ne déviera pas du chemin où on l'aura lancé.

La politesse est, si l'on peut dire, l'honnêteté extérieure. C'est ce qu'indique dans notre langue, le double sens du mot honnête. C'est encore dans la famille que l'enfant puisera la notion de l'honnêteté morale.

» Les enfants bien nés et instruits dans ce qui est honnête, arrivent à une honnêteté naïvement inébranlable que connaît à peine la vertu. Purs encore de tout commerce avec les hommes et les choses, ignorants de tout ce qui est accommodement, transaction, ménagement, leur âme reste inflexiblement dans le vrai, non, comme les justes et les sages, par une volonté raisonnée, mais, si j'ose employer ce mot, stupidement, et parce qu'ils ne comprennent pas autre chose (I) .»

Michelet exprime la même idée dans son beau langage.

(I) E. Legouvé.

« En son père, en sa mère, il voit les deux formes du juste, les deux pôles, si bien concordants. *Lui*, la justice exacte, la loi en action, énergique et austère, l'héroïque bonté rectiligne. *Elle*, la douce justice des circonstances atténuantes, des ménagements équitables que conseille le cœur et qu'autorise la raison. Elle ne s'oppose en rien à l'autre, mais parfois tourne autour, l'adoucit, la fléchit. »

Résumons-nous : l'enfant naît dans la famille ; il est fait pour y vivre, parce que là seulement il rencontre les conditions de son développement intégral et moral.

Il ne quittera pas la famille avant quatorze ans, douze ans au plus tôt, et si, jusqu'à cet âge, ses parents ne peuvent lui donner l'instruction à laquelle il a droit, il ira chercher au collège ce que la famille ne peut lui donner ; mais, à moins d'impossibilité absolue, il reviendra « journellement ranimer dans les habitudes et les affections de la maison paternelle, cet amour du devoir que l'éducation publique remplace par d'autres motifs, tous utiles et légitimes, mais moins purs (1) ».

(1) Mme Guizot.

Heureux alors les parents ! Ils oublient « que les cheveux tombent et blanchissent en voyant naître, grandir, fleurir, mûrir autour de soi ces jeunes plantes si aimées (1) ».

Heureux l'enfant ! Arrivé à cette heure qui sépare l'adolescence de l'âge d'homme, son cœur s'émeut, et il s'écrie, dans sa tendresse, sa gratitude et sa fierté :

> Il n'est pas un écueil caché sous le flot noir
> Que votre ardent amour ne m'ait déjà fait voir ;
> Vous avez exploré sur tous les points l'abîme,
> Et toujours votre voix, de son accent sublime,
> Par dessus les rumeurs de la foudre et du vent,
> Sur la route du bien, me criera : « Plus avant ! »

(1) Paul Janet.

CHAPITRE XXVII

LE BUT

«Que ferons-nous de nos enfants?» demande un auteur anglais. Et il répond : « Question que mon expérience m'a prouvée vaine. On peut diriger ses enfants jusqu'à un certain âge; on peut leur donner la meilleure éducation, suivant ses moyens; on peut faire pour eux des plans d'avenir; on peut leur trouver à chacun une bonne niche à prendre; on peut espérer que chacun d'eux s'arrêtera dans cette niche bien choisie et l'adoptera tranquillement pour séjour; on peut se flatter qu'ils vivront et travailleront ensemble, et qu'ils seront plus tard

(1) L'auteur de *Frank's Ranche, or What shall we do with our Boys?*

la consolation et l'appui de notre vieillesse.
Sans doute, on le peut. Mais rien de tout cela
arrivera-t-il ? »

Ce n'est donc point, à moins de circonstances toutes spéciales, telle carrière plutôt que
telle autre qui doit être le but de l'éducation.
Sans doute cette éducation doit être en rapport
avec la position et les moyens pécuniaires des
parents, et c'est pourquoi elle ne peut être,
dans notre organisation sociale du moins, la
même pour tous. Dans beaucoup de familles,
on est obligé de suivre le conseil d'Emile de
Girardin : « faire de l'enfant l'agent principal
de sa destinée sociale, lui donner le plus tôt
possible des fonctions à remplir, afin qu'il gagne lui-même sa vie à l'âge où il n'est le plus
souvent que le parasite de la maison paternelle. » — Un jeune homme dont l'instruction
exige de longues études, n'est pas un parasite
dans la maison de son père, est-il besoin de le
faire remarquer ?

Question de fortune à part, ce serait s'exposer à de cruels mécomptes et rendre à son fils
un bien mauvais service que de le pousser
malgré lui à travers les hautes études, lorsqu'il

ne montre que de médiocres facultés. C'est assurément à cette ambition déraisonnable et malsaine qu'est due la grande majorité des fruits secs. Ils sont comme des soldats qu'on aurait armés de fusils superbes, mais qui ne partent pas.

Sous une forme un peu absolue, E. de Girardin donne un excellent conseil, lorsqu'il dit :

« Tout sacrifice *extraordinaire* fait par une famille pour qu'un enfant franchisse d'un bond deux ou trois degrés de l'échelle sociale, est un malheur pour l'enfant, qui éprouve des désirs disproportionnés à ses moyens ; pour les parents, qui mettent entre eux et lui une trop grande distance ; pour la société, qui possède un membre dont elle n'a pas l'emploi. »

Mais le malheur ne serait pas moindre si l'éducation, trop tôt spécialisée, cantonnait l'enfant dans une sphère d'où il ne pourrait plus sortir jamais. « Il luy faut donner, dit fort sagement l'auteur du traité *De la Sagesse,* une instruction universellement bonne et utile, par laquelle il devienne capable, prest et disposé à tout. »

Le grand philosophe Comte donne à l'éduca-

tion l'idéal le plus élevé. D'après lui, elle
« doit essentiellement nous apprendre à vivre
pour autrui ». Si chacun apprenait à vivre pour
autrui, la grande œuvre de solidarité serait
parfaite, et ce ne serait plus le seul Pangloss
qui dirait que tout est pour le mieux dans le
meilleur des mondes. Je crains toutefois que
nous ne soyons obligés d'attendre longtemps
encore la réalisation de cet idéal.

« Le grand travail de l'éducation est de fortifier et de diriger la volonté », dit Mme Necker
de Saussure, tout en se plaignant qu'elle
aille souvent contre son but. « Malheureusement l'éducation presque entière tend à
ébranler la fermeté ; elle n'est le plus souvent, à
vrai dire, qu'un système de moyens pour affai-
blir la volonté. Persuasive et insinuante, elle
l'empêche de se former ; sévère et inflexible, elle
la fait ployer ou la brise. Elle vise à faire con-
tracter de bonnes habitudes, et le propre des
habitudes est précisément d'obtenir des
actions sans le concours de la volonté. »

Un autre reproche que l'on fait souvent, et
avec justice, à l'éducation telle que beaucoup
la comprennent, c'est qu'elle n'envisage que le

présent, tandis qu'elle n'a de raison d'être que
parce qu'elle prépare l'avenir. « C'est, dit
Mme. Guizot, une assez commune fantaisie que
celle d'élever les enfants pour le succès du
moment, sans trop s'embarrasser si les moyens
dont on se sert, pour en faire des enfans bien
sages, en feront un jour des gens raisonnables. »

Vinet a dit que le « sujet de l'éducation est
le plus vaste et le plus fécond, et qu'un champ
tel que celui-là

> ....ne se peut tellement moissonner
> Que les derniers venus n'y trouvent à glaner ».

Parole tellement vraie que tous les aspects
de la question, passés successivement en revue
jusqu'ici, se présentent de nouveau devant
moi, et me suggèreraient de nouveaux dévelop-
pements si je ne sentais qu'il faut se borner.

L'instruction est inséparable de l'éducation;
mais il s'en faut qu'elle soit l'éducation tout
entière. La Chalotais me semble en avoir, il y a
plus d'un siècle, délimité nettement le domaine :

« L'objet des études n'est pas que les jeunes
gens, au sortir de la première éducation, pos-
sèdent les idées formées de toutes les sciences :
ce seroit un projet chimérique, un beau rêve;
mais il se peut faire aisément qu'ils aient une
teinture des principales, qu'ils aient acquis un
grand nombre de matériaux de connois-ances,
et qu'ils aient l'art d'en acquérir; art inesti-
mable, et peut-être supérieur aux connaissances mêmes... L'important est d'acquérir les
grands principes des connoissances les plus
ordinaires : l'expérience, qui est la meilleure
leçon achèvera le reste. »

J'ajouterai avec Montaigne : « Le gaing de
nostre estude, c'est en estre devenu meilleur et
plus sage. »

« Préparez à la lutte vos fils dès l'enfance,
pour que vos fils soient un jour glorieux dans
le pays! » s'écrie Mme E. de Girardin.

Certes, c'est là le plus noble des motifs, et il
suffirait amplement pour donner raison à Victor de Laprade lorsqu'il dit : « A quoi voulez-vous consacrer la vie de l'homme jusqu'à
dix-huit ans, si ce n'est à la formation de lui-

même, comme l'indique la nature? » Mais il y en a d'autres, qu'il faut chercher dans les devoirs que, par le fait seul de leur naissance, nous contractons envers nos enfants. « Nous devons, envers et contre tous, à nos fils d'en faire des hommes, c'est-à-dire des personnalités aussi fortes, aussi libres, aussi actives, aussi résistantes qu'il se pourra (1). »

Dans le même ordre d'idées, Michelet va plus loin encore. « Le sublime de l'éducation, c'est que, toute désintéressée, elle consiste à faire un être indépendant, et non semblable, souvent fort différent, et qui soit vraiment lui ; un être, s'il se peut, qui vous soit supérieur, qui ne vous copie pas, qui dépasse, éclipse le maître. » Avec moins de lyrisme, E. Legouvé n'est pas moins affirmatif. « Le *self-government*, dit-il, me paraît le but principal de l'éducation ; élever un enfant, c'est lui apprendre à se passer de nous, et tout, selon moi, doit tendre à remettre au plus tôt, et le plus souvent possible, à l'élève les rênes de lui-même : *help yourself*, compte sur toi. »

(1) V. de Laprade.

En somme, qu'on adopte la définition de Kant : « Développer dans l'individu toute la perfection dont il est susceptible », ou celle de Mme Necker : « Donner à l'élève la volonté et les moyens de parvenir à la perfection dont il sera un jour susceptible »,—le but de l'éducation est toujours de faire s'épanouir harmonieusement toutes les facultés de l'être humain, de telle sorte qu'aucune fleur ne reste stérile et que toutes donnent de bons fruits.

Cette tâche de triple culture, physique, intellectuelle et morale, est, par la nature même des choses, dévolue à la mère et au père, et ce n'est que dans l'atmosphère de la famille que cet épanouissement peut se produire dans sa plénitude et sa régularité.

FIN

TABLE DES MATIÈRES

FIN DE LA TABLE

ASNIÈRES. — IMP. LOUIS BOYER ET Cⁱᵉ, 7, RUE DU BOIS.

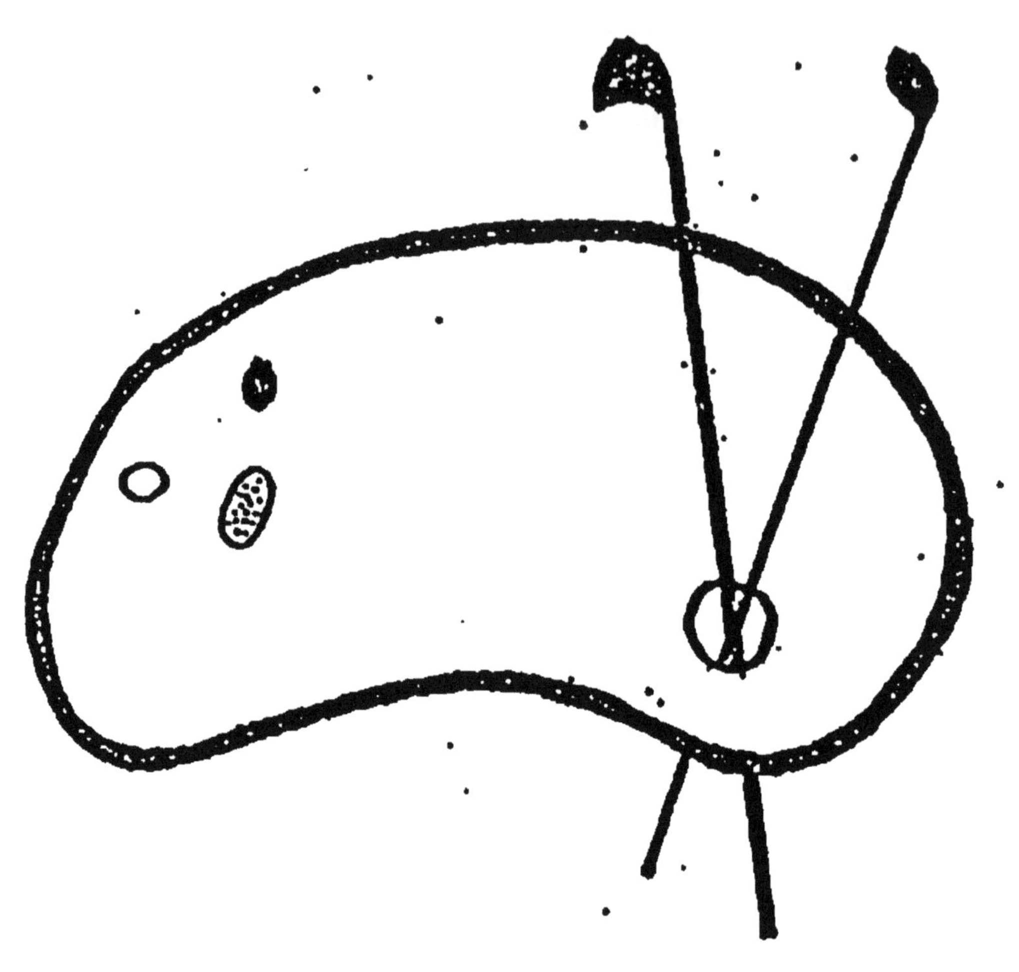

ORIGINAL EN COULEUR
NF Z 43-120-8

www.ingramcontent.com/pod-product-compliance
Ingram Content Group UK Ltd.
Pitfield, Milton Keynes, MK11 3LW, UK
UKHW020119130726
13696UKWH00001B/109